Fleischgerichte

Grundrezepte und Variationen

KOSMOS

Inhaltsverzeichnis

Mary Hahn Küchenpraxis 6
Fleisch – richtig genießen 7

GRUNDKURS FLEISCH 8
Fleischeinkauf 10
Garmethoden 12
Bratenfond 14
Marinaden 16

SCHNITZEL 18
Wiener Schnitzel 20
Cordon bleu 22
Cordon bleu italienisch 23
Saltimbocca 24
Saltimbocca asiatisch 25
Gefüllte Schnitzelröllchen 26
Schnitzelröllchen mit Tomaten 27
Schnitzelröllchen in Sahnesauce 27
Rinderschnitzel in Weinsauce 28
Senfschnitzel 29
Kalbsschnitzel 30
Kalbsschnitzel mit Pilzen 31
Kräuterschnitzel 31
Tandoori-Schnitzel 32
Gratiniertes Schnitzel 33
Schnitzel im Kartoffelmantel 33

GESCHNETZELTES 34
Zürcher Geschnetzeltes 36
Rösti 37
Kalbsgeschnetzeltes 38
Geschnetzeltes mit Spargel 39
Curry-Geschnetzeltes 40
Currypaste 41
Geschnetzeltes mit Ananas 42
Geschnetzeltes mit Kokosmilch 43
Marinierte Filetstreifen 44
Filetstreifen mit Frühlingszwiebeln 45
Rindergeschnetzeltes 46
Geschnetzeltes mit Tomaten und Kapern 47
Boeuf Stroganoff 48
Boeuf Stroganoff mit Roter Bete 49
Lammgeschnetzeltes 50
Lammgeschnetzeltes mit Kartoffel-Gemüse 51
Geschnetzeltes mit Oliven 52
Geschnetzeltes „Gyros-Art" 53

STEAKS & KOTELETTS 54
Filetsteak 56
Gratinierte Steaks 57
Filetsteak in Rahmsauce 58
Filetsteak in Morchelrahmsauce 59
Porterhouse-Steak 60
T-bone-Steak 61
Zwiebelrostbraten 62
Zwiebelrostbraten in Rotwein 63

Steak Tatar 64
Carpaccio 65
Schweinefilet im Wurzelsud 66
Schweinefilet provençale 67
Kalbsmedaillons 68
Medaillons im Speckmantel 69
Kalbskotelett 70
Kalbskotelett mit Käse überbacken 71
Kalbskotelett mit Tomaten 72
Kotelett mit Oliven 73

Braten 74
Schweinebraten 76
Schweinebraten mit Kirschen 77
Kalbsbraten mit Gemüse 78
Kalbsrahmbraten mit Pilzen 79
Schweinerollbraten 80
Gefüllte Kalbsbrust 81
Kalbshaxe 82
Gegrillte Schweinehaxe 83
Roastbeef 84
Dips und Pesto 85
Rheinischer Sauerbraten 86
Boeuf à la mode 87
Schweinefilet im Strudelblatt 88
Filet Wellington 89
Tafelspitz 90
Rindfleischsalat 91
Vitello tonnato 92
Kaltes Vitello tonnato 93
Gekräuterte Lammschulter 94
Lammhaxe 95
Kaninchen in Weißweinsauce 96
Kaninchen mit Paprika und Oliven 97

Gulasch & Rouladen 98
Rindergulasch 100
Paprikagulasch 101
Ungarisches Kartoffelgulasch 102
Szegediner Gulasch 103
Kalbsfrikassee 104
Kalbsrahmgulasch mit Salbei 105
Lammgulasch mit Bohnen 106
Lammpilaw 107
Ochsenschwanzragout 108
Feines Rinderragout 109
Kalbsrouladen 110

Asiatische Rouladen 112
Italienische Rouladen 113
Rinderrouladen 114
Fiaker-Rouladen 115
Ossobuco 116
Ossobuco mit Gemüse 117

Hackfleisch 118
Frikadellen 120
Griechische Fleischbällchen 122
Hackfleisch-Spieße 123
Königsberger Klopse 124
Hackbällchen in Tomatenreis 125
Chili con Carne 126
Hackfleischtopf mit Roter Bete 127
Hackbraten 128
Hackbraten in Strudelteig 129
Moussaka 130
Kartoffel-Hack-Auflauf 131
Gefülltes Gemüse 132
Kohlrouladen 133

Register 134

Grundkurs Fleisch

MARY HAHN Küchenpraxis: Erfahrung ist der beste Koch

Mary Hahn (1867–1929)

Sie war die erfolgreichste deutsche Kochbuchautorin und -verlegerin zu Beginn des 20. Jahrhunderts. 1912 gründete sie zusammen mit ihrem Mann in Frankfurt/Main einen Kochbuchverlag. Und im gleichen Jahr an Weihnachten erschien ihr erstes Buch: „Das Illustrierte Kochbuch für die einfache und feine Küche", das bis in die 70er Jahre, in immer neuen und aktualisierten Ausgaben, Auflagen in Millionenhöhe erreichte und eines der meistverkauften Kochbücher war.

Mit der nun im Kosmos Verlag erscheinenden Reihe „Mary Hahn Küchenpraxis" kehrt das Erfolgskonzept in neuem Gewand zurück: Zuverlässige Küchenratgeber für alle, die gerne kochen oder es lernen wollen. Mit einfachen Grundrezepten und abwechslungsreichen Varianten für jeden Geschmack, mit Warenkunde und vielen Tipps – auch aus dem wiederentdeckten Erfahrungsschatz von Mary Hahn selbst. So gelingen alle Gerichte leicht und sicher!

Fleisch – richtig genießen

„Es wird mit Recht ein guter Braten gerechnet zu den guten Taten" – so heißt es bei Wilhelm Busch. Und ob saftiger Sonntagsbraten, knuspriges Schnitzel, würziges Gulasch oder zartes Filetsteak – richtig zubereitet ist Fleisch ein wahrer Genuss und gehört für viele zu einem guten Essen einfach dazu.

Fleisch, vom Kalb, Rind oder Schwein, spielt eine wichtige Rolle in einer ausgewogenen Ernährung. Es liefert hochwertiges Eiweiß, viel Eisen – einen der wichtigsten Mineralstoffe –, Selen, Zink und B-Vitamine. Und wenn es auch in Zeiten von BSE und umstrittener Tierhaltung besonders wichtig ist, auf Herkunft und Qualität zu achten, so ist gegen maßvollen Fleischgenuss, zwei- bis dreimal die Woche, nichts einzuwenden. Fleisch von Tieren aus artgerechter Haltung oder aus Bio-Mast, von Rindern, die im Sommer auf der Weide leben, Futter aus ökologischem Anbau erhalten und bei denen keine Masthilfen, wie Antibiotika, zum Einsatz kommen, ist zwar teurer, aber man schmeckt den Unterschied.

Denn Qualität ist der beste Koch und spielt bei Fleisch eine besonders große Rolle. Allerdings ist es nicht ganz einfach und auch nicht auf den ersten Blick ersichtlich, ob ein Schnitzel oder Steak auch wirklich gut ist. Die beste Garantie für qualitativ hochwertiges Fleisch ist daher ein Metzger, bei dem man sich darauf verlassen kann, gut abgehangene Ware und das passende Stück Fleisch für jedes Gericht zu bekommen.

Auch das richtige Handwerkszeug ist eine wichtige Voraussetzung für gutes Gelingen, denn mit einem stumpfen Messer und einer schlechten Pfanne kocht es sich nicht gut und macht auch keinen Spaß. Zumal Fleisch auf falsche Behandlung bei der Zubereitung nicht sehr großzügig reagiert, sondern trocken und zäh wird:

- Unentbehrlich ist eine gute Bratpfanne, am besten aus Edelstahl oder Gusseisen, mit einem ofenfesten Griff ausgestattet und mit einem dicken, optimal wärmeleitenden Boden, um das Fleisch gleichmäßig zu garen.
- Ebenso wichtig ist ein scharfes Messer, am besten ein hochwertiges Kochmesser mit einer geschmiedeten Klinge von 20 bis 25 cm. Gute Messer sollten übrigens immer von Hand gespült werden. In einem Messerblock aufbewahrt, bleiben sie länger scharf.
- Bei der Menüfolge sorgt die richtige Abstimmung für optimalen Genuss: So sollte nach einer Cremesuppe das Fleischgericht nicht auch wieder mit einer Sahnesauce zubereitet werden.
- Bei einem mehrgängigen Menü reicht man das Fischgericht vor dem Fleischgang.
- Gibt es zweimal Fleisch, serviert man das helle (Kalb oder Geflügel) vor dem dunklen Fleisch (Rind oder Wild).

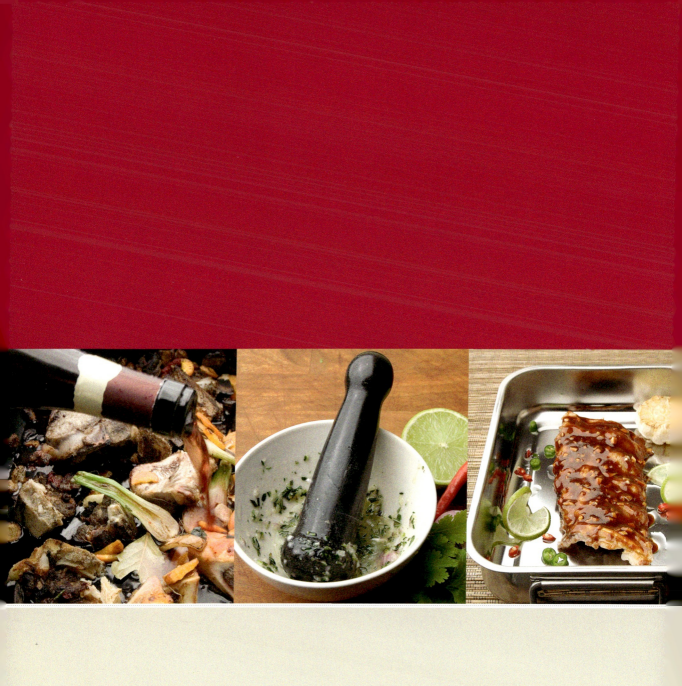

Grundkurs Fleisch

Damit aus einem Stück Fleisch ein saftiges Steak, ein herzhaftes Gulasch oder ein zarter Braten wird, sind beste Qualität und richtige Zubereitung eine wichtige Voraussetzung.

- Pro Person rechnet man für Schnitzel oder Steak 125–150 g Fleisch, für Koteletts oder Steaks mit Knochen ca. 200–250 g und für Braten oder Gulasch ca. 125–150 g Fleisch.

- Das Fleisch 1/2 Stunde vor der Zubereitung aus dem Kühlschrank nehmen, sonst gart es nicht gleichmäßig durch und wird zäh.

- Zum Braten am besten Butterschmalz oder Öl verwenden, es kann hoch erhitzt werden und verbrennt nicht.

Grundkurs Fleisch

Fleischeinkauf

Fleischeinkauf ist Vertrauenssache. Und die beste Garantie für gute Ware ist deshalb ein Metzger, bei dem man sich darauf verlassen kann, gut abgehangenes Fleisch von bester Qualität zu bekommen.

- Gute Qualität erkennt man daran, dass das Fleisch bei Fingerdruck fest und elastisch ist, sich aber nicht zu stark eindrücken lässt oder schwammig weich ist.
- Das Fleisch darf niemals schmierig sein, die Schnittfläche muss glänzen, aber trocken sein.
- Wer sichergehen will, sollte auf Bio-Fleisch zurückgreifen. Es wird nach strengen Kriterien produziert, z.B. artgerechte Haltung und Futtermittel aus ökologischem Anbau, kein Zusatz von Antibiotika.
- Das Fleisch nach dem Einkauf aus dem Papier nehmen und in einer abgedeckten Schale im Kühlschrank lagern.
- Bei TK-Fleisch darauf achten, dass die Verpackung heil ist und sich kein Schnee gebildet hat. Nach dem Einkauf zu Hause sofort mit der Verpackung in die Tiefkühltruhe legen.

Fleischsorten

Fleisch wird nicht nur von verschiedenen Schlachttieren, sondern auch in unterschiedlichen Teilstücken angeboten, und es braucht einige Erfahrung – oder die gute Empfehlung eines Metzgers – um für jedes Gericht das ideale Stück Fleisch zu finden.

RINDFLEISCH

Das Fleisch stammt in der Regel von Färsen (weibliche Jungtiere, die noch nicht gekalbt haben und zartfaseriges, kräftig rotes Fleisch liefern), von Bullen und Ochsen. Gut ausgemästetes Rindfleisch ist marmoriert, d.h. von feinen Fettäderchen durchzogen, und hat einen Fettrand. Es ist für Kurzgebratenes (z.B. Steaks) oder zum Grillen und Braten besser geeignet als ganz mageres Fleisch.
Rindfleisch muss reifen, sonst bleibt es zäh – Filet und Roastbeef (die besten und zartesten Fleischstücke des Rückens), die im Ganzen oder als Steak gebraten werden, mindestens 2 Wochen.

KALBFLEISCH

Das magere, feinfaserige Fleisch ist rosa bis hellrot und enthält wenig Bindegewebe und Fett. Die Mastkälber sind beim Schlachten meist 5 bis 6 Monate alt. Zur Reifung braucht das Fleisch nur 2–3 Tage. Kalbfleisch ist ideal zum Kurzbraten (Teilstücke von Keule, Filet, Rücken) und Schmoren (Brust, Nacken).

SCHWEINEFLEISCH

Das Fleisch stammt in der Regel von jungen Mastschweinen, die bei der Schlachtung etwa 7–8 Monate

Haltbarkeit

Allgemein gilt: Je fetter und zerkleinerter (so bietet es mehr Angriffsfläche für Bakterien!) das Fleisch ist, desto kürzer ist es haltbar:

- ▶ Hackfleisch sollte man immer am Tag des Einkaufs zubereiten.
- ▶ Kalb- und Schweinefleisch ist im Kühlschrank 2–3 Tage haltbar. Rindfleisch kann 4–5 Tage aufbewahrt werden.
- ▶ Vakuumverpacktes Fleisch hält sich doppelt so lange, weil es vor Luft und damit vor Bakterien geschützt ist.
- ▶ Wenn man das Fleisch in eine Marinade einlegt, ist es 1–2 Tage länger haltbar.
- ▶ Tiefgekühltes Fleisch lässt sich, je nach Fettgehalt und Sorte, mindestens 1 Jahr lagern. Friert man Fleisch selber ein, lässt sich fettes Fleisch und Hackfleisch ca. 4–6 Monate, Rindfleisch ca. 10–12 Monate aufbewahren. Das Fleisch über Nacht im Kühlschrank schonend auftauen lassen oder, wenn es schnell gehen soll, verpackt in einer Schale mit kaltem Wasser.
- ▶ Einmal aufgetautes Fleisch nicht erneut einfrieren – außer in gegartem Zustand.

alt sind. Gutes Schweinefleisch ist blassrot bis rosa, es benötigt keine Reifezeit.
Schulter und Nacken sind ideal zum Braten und Schmoren, aus dem Schinken (Keule) werden Bratenstücke und Schnitzel geschnitten.

LAMMFLEISCH

Es stammt vorwiegend von Milchlämmern, die bei der Schlachtung ca. 6 Monate alt sind, und von Mastlämmern (maximal 12 Monate alt). Älteres Schaf- oder Hammelfleisch wird kaum angeboten. Die Lämmer werden auf Weiden gehalten, das natürliche Futter sorgt für zartes und aromatisches Fleisch, das lachsfarben bis hellrot ist.
Das zarteste Stück ist das Lammfilet. Aus Nacken und Hals kann man köstliche Ragouts und Eintöpfe zubereiten, Rücken und Schulter werden gebraten und geschmort. Die Lammkeule ist der Klassiker und ideal als Braten.

Grundkurs Fleisch

Garmethoden

In der richtigen Zubereitung liegt die Kunst, dass aus einem Stück Fleisch auch wirklich ein zartes Steak oder ein saftiger Braten wird.

SCHMOREN

Zum Schmoren eignet sich Fleisch mit hohem Bindegewebsanteil, also preiswertere Stücke wie Brust, Hals oder Keule, die eine lange Garzeit brauchen. Schmoren kann man auf dem Herd (Gulasch, Ragout, Rouladen) oder im Ofen.
Das Fleisch wird zunächst bei hoher Temperatur in heißem Fett angebraten und mit etwas Flüssigkeit abgelöscht, damit sich die Röststoffe lösen. Dann gießt man Flüssigkeit an und lässt das Fleisch bei schwacher Hitze zugedeckt weiterschmoren.

KURZBRATEN

Zum Braten in der Pfanne eignen sich kleine, bindegewebsarme, d.h. zartfaserige Fleischstücke von bester Qualität, wie Steaks, Schnitzel oder Koteletts. Das Fleisch gut trocken tupfen und bei großer Hitze auf beiden Seiten kurz anbraten. Dann wird die Temperatur reduziert und das Fleisch fertig gegart. Ein Steak kann nach dem Anbraten auch unter dem Grill bis zum gewünschten Gargrad (siehe Seite 13) fertig gegart werden – so kann sich das Fleisch nach dem Anbraten „entspannen" und wird besonders zart.

GRILLEN

Zum Grillen eignet sich zartes, gut gereiftes Fleisch (Steaks, Filet, Koteletts), das nicht zu dick ist. Die starke Hitze sorgt dafür, dass sich schnell eine aromatische Kruste bildet. Das gewürzte Fleisch vor dem Grillen mit Öl bestreichen oder einige Zeit marinieren, damit es nicht austrocknet. Dünne Stücke sind gar, wenn sie auf beiden Seiten gut gebräunt sind. Dickere Stücke immer wieder wenden. Vor dem Aufschneiden das Fleisch kurz ruhen lassen, damit sich der Fleischsaft verteilen kann.

BRATEN IM OFEN

Diese Garmethode ist vor allem für große bindegewebsarme Fleischstücke (z. B. Roastbeef oder Lammkeule) geeignet. Für eine braune Kruste das Fleisch von allen Seiten in heißem Fett anbraten und im vorgeheizten Backofen fertig braten. Etwas Flüssigkeit angießen, die Temperatur nach etwa der Hälfte der Garzeit reduzieren und das Fleisch mehrmals mit dem Bratensaft begießen. Den fertigen Braten herausnehmen, in Alufolie wickeln und noch ca. 10 Minuten ruhen lassen.

NIEDRIGTEMPERATURGAREN

Eine besonders schonende Variante, im Ofen zu garen. Das gewürzte Fleisch wird kurz angebraten und dann im vorgeheizten Ofen bei ca. 80 °C fertig gegart – je nach Größe des Fleischstücks kann dies mehrere Stunden dauern. Durch den langsamen Garprozess verteilt sich der Fleischsaft gleichmäßig und der Braten wird wunderbar saftig und zart.

Wann ist Fleisch gar?

Die Garzeit ist von der Qualität, Größe und Dicke des Fleischstücks abhängig, aber auch vom Bratgeschirr und der Heizleistung des Ofens. Deshalb sollte man, unabhängig von den in den Rezepten angegebenen Garzeiten und -temperaturen, immer eine Garprobe machen. Denn zu lange gegartes Fleisch wird trocken und faserig und verliert seinen Wohlgeschmack. Vor allem zarte Stücke, wie Filet oder Steaks vom Rind, nicht ganz durchgaren. Für diese Fleischstücke sind die Garstufen „blutig oder englisch" und „medium" ideal. Helles Fleisch (Kalb, Schwein) sollte immer durchgegart werden.

GARPROBE

Bei großen Fleischstücken, die innen noch blutig oder rosa sein sollen, ist die Kontrolle mit einem Fleischthermometer hilfreich. Aber auch durch Finger- oder Löffeldruck und Nadelprobe (mit einer Fleischnadel an der dicksten Stelle bis zur Mitte einstechen) lässt sich der Gargrad feststellen. Keinesfalls mit einer Fleischgabel einstechen, denn dabei läuft wertvoller Fleischsaft aus.

- Ist das Fleisch nicht durchgegart (blutig, „englisch") ist es stark elastisch und der austretende Fleischsaft ist rot. Die Fleischtemperatur beträgt ca. 45–50 °C.
- Rosa gebraten („medium, à point") ist auf Fingerdruck ein leichter Widerstand festzustellen. Der austretende Fleischsaft ist rosa. Auf der Oberfläche bilden sich kleine Blutstropfen. Fleischtemperatur ca. 60 °C.
- Durchgegartes Fleisch gibt auf Fingerdruck nicht mehr nach. Der Fleischsaft ist hell und klar. Die Fleischtemperatur beträgt je nach Fleischsorte 70–85 °C (ca. 70 °C für Rindfleisch, ca. 75 °C für Kalbfleisch und ca. 85 °C für Schweinefleisch).

Die 3 Gargrade

1 *Das Steak ist blutig („englisch") gebraten. Dauert bei einem 2 cm dicken Steak ca. 3–4 Minuten.*

2 *Das Steak ist „medium" gebraten. Dauert bei einem 2 cm dicken Steak ca. 6 Minuten.*

3 *Das Steak ist durchgebraten. Dauert bei einem 2 cm dicken Steak ca. 8–10 Minuten.*

Grundkurs Fleisch

Bratenfond

Er ist die Grundlage jeder guten Sauce. Die Herstellung ist zwar mit etwas Aufwand verbunden, aber das Ergebnis lohnt die Mühe: eine kräftige, würzige Grundsauce, die sich vielfältig abwandeln lässt, und die vor allem ideal für kurzgebratenes Fleisch ist, das selbst zu wenig Sauce ergibt.

- Für den Fond verwendet man Knochen von Kalb und Rind, die auf dem Herd oder im Backofen sorgfältig braun geröstet werden. Je kräftiger man sie anröstet und je länger man die Sauce einkocht, desto geschmackvoller wird sie. Bis zu 9 Stunden geben die Knochen Geschmack ab.
- Die Knochen vom Metzger klein hacken lassen – je kleiner die Knochen, desto größer ist die Röstfläche und desto mehr Geschmack hat später die Sauce.
- Aus Rinderknochen lässt sich eine besonders kräftige Bratensauce kochen. Feiner wird sie, wenn man Rinder- und Kalbsknochen mischt, und einen ganz besonders feinen Fond erhält man, wenn man ihn nur aus Kalbsknochen zubereitet.

ZUTATEN FÜR CA. 1 LITER FOND

ca. 1 kg Rinder- und Kalbsknochen (1/3 Rinderknochen, 2/3 Kalbsknochen)
4 Zwiebeln
1 Bund Suppengrün
3 Knoblauchzehen
3 El. Tomatenmark
500 ml Rotwein
2-3 l Wasser oder Brühe
4 Pfefferkörner
3 Lorbeerblätter
4 Wacholderbeeren
1 TL Salz

1 Die Knochen vom Metzger klein hacken lassen. Die Zwiebeln und das Suppengemüse putzen und klein schneiden. Knoblauchzehen halbieren und schälen.

2 Die Knochen im Backofen bei 190 °C (Heißluft) mit dem Gemüse ca. 80–90 Minuten rösten. Die Knoblauchzehen nach 60 Minuten dazugeben und mitrösten. Das Tomatenmark zugeben, kurz weiterrösten, dann mit Rotwein und 1 l Wasser oder Brühe ablöschen und einmal aufkochen lassen.

Schritt für Schritt: Bratensauce

1

Die Knochen und das Suppengemüse im Backofen ca. 80–90 Minuten kräftig anrösten.

2

Die angerösteten Knochen und das Gemüse mit Rotwein und Wasser ablöschen.

3

Die fertige Sauce durch ein Sieb abgießen und evtl. noch weiter einkochen lassen.

3 Die gerösteten Knochen und das Gemüse mit dem Fond, der sich gebildet hat, in einen großen Topf geben und mit dem restlichen Wasser oder der Brühe kalt aufsetzen. Pfefferkörner, Lorbeerblätter, Wacholderbeeren und etwas Salz dazugeben. Es ist wichtig, dass alle Zutaten kalt aufgesetzt werden, damit der Geschmack aus Knochen und Gemüse ausgekocht wird. Wenn es schnell gehen soll, kann man auch einige Eiswürfel dazugeben.

4 Die Sauce mindestens 3 Stunden (besser bis zu 6 Stunden) ganz leicht köcheln lassen. Anschließend durch ein Sieb gießen und bis zur gewünschten Konsistenz einkochen lassen.

Schneller Fond

Anstelle der Knochen *300 g Rindfleisch (Nacken, Schulter)* in dünne Streifen schneiden. Das Fleisch gemeinsam mit *Suppengemüse, Zwiebeln* und *Knoblauch* kräftig anbraten. Mit *1 l Wasser* oder *Brühe* und *250 ml Rotwein* ablöschen und 1–1,5 Stunden leicht köcheln lassen. Ergibt eine kraftvolle und schmackhafte Sauce.

WENN ES SCHNELL GEHEN SOLL

Wenn man keine Zeit und keinen Fond-Vorrat hat, kann man auch mal auf ein Fertigprodukt (Würfel oder Paste) zurückgreifen und es verfeinern: Einige Zwiebel- und Knoblauchwürfel in 1 TL Zucker karamellisieren, mit Rotwein und Brühe ablöschen und Saucenwürfel oder -paste darin auflösen. Mit etwas Butter und evtl. auch mit Teriyaki- oder Sojasauce abschmecken.

WENN ETWAS ÜBRIG BLEIBT

Den Fond kann man in einem geschlossenen Glas im Kühlschrank 1–2 Wochen aufbewahren oder auch in Eiswürfelbehältern einfrieren. Vor dem Einfrieren einkochen und entfetten.
Man kann den Fond auch, wie Marmelade, in Gläsern sterilisieren.

Saucen-Varianten

Aus dem Grund-Bratenfond lassen sich mit verschiedenen Zutaten schnell vielfältige Saucenvariationen zubereiten. Die angegebenen Zutaten ergeben ca. 400 ml Sauce – ausreichend für 4 Portionen.

BORDELAISER SAUCE

1 EL Butter in einem Topf zergehen lassen, *8 kleine, gewürfelte Schalotten* andünsten, *4 leicht zerdrückte schwarze Pfefferkörner, 1 Zweig Thymian, 1 Lorbeerblatt* und *400 ml roten Bordeaux* zugeben und ca. auf die Hälfte einkochen lassen, die gleiche Menge Bratensaft zugeben, kurz aufkochen, durch ein Sieb passieren und mit *1 EL kalter Butter (oder Mark von gekochten Markknochen)* verfeinern.

▸ *Schmeckt besonders gut zu gebratenem oder gegrilltem Rindfleisch.*

MADEIRASAUCE

400 ml Grundsauce mit *100 ml Madeira* etwas einkochen lassen, mit *2 EL kalter Butter* verfeinern.

▸ *Schmeckt zu allem, besonders gut zu Kalb- oder Rindfleisch.*

ITALIENISCHE SAUCE

Ca. *300 ml Grundsauce* mit *4 fein gewürfelten Schalotten, 100 g gekochtem und in Streifen oder Würfel geschnittenem Schinken, 1 fein gewürfelten Knoblauchzehe, etwas Thymian, Rosmarin* und *50 ml Weißwein* aufkochen. *2 Tomaten* enthäuten, das Fruchtfleisch würfeln und zur Sauce geben, mit *1 TL Butter* verfeinern.

▸ *Passt gut zu Kalb- und Schweinefleisch.*

Grundkurs Fleisch

Marinaden

Marinieren ist die optimale Vorbereitung für Fleisch, das gegrillt oder gebraten wird. Eingelegt in Öl, Kräuter und Gewürze gewinnt es an Geschmack und bleibt bei der Zubereitung zart und saftig.

- ▶ Vor dem Marinieren das Fleisch waschen und mit Küchenpapier trocken tupfen.
- ▶ Die Marinaden nicht salzen, denn Salz entzieht dem Fleisch Saft und macht es trocken.
- ▶ Das Fleisch sollte vollständig von der Marinade bedeckt sein und zugedeckt (oder in einem Gefrierbeutel) 1–3 Stunden, maximal bis zu 2 Tage, eingelegt bleiben. Wird das Fleisch länger als 1 Stunde mariniert, sollte es immer im Kühlschrank lagern.
- ▶ Das marinierte Fleisch 30 Minuten vor der Zubereitung aus dem Kühlschrank nehmen, es sollte Zimmertemperatur haben, damit es zart und saftig wird.

Senfmarinade

ZUTATEN FÜR CA. 600 G FLEISCH

1	Knoblauchzehe
2	Schalotten
5 EL	mittelscharfer Senf
1 EL	Rotweinessig

ZUBEREITEN

Die Knoblauchzehe und die Schalotten schälen und fein würfeln, mit dem Senf und dem Rotweinessig verrühren.

▶ *Diese Marinade passt besonders gut zu Rind- und Schweinefleisch. Es kann dafür auch der besonders scharfe und würzige Dijon-Senf verwendet werden und als Ergänzung etwas fein geschnittene Petersilie und 1 EL gehackte Kapern untergerührt werden.*

Kräutermarinade

ZUTATEN FÜR CA. 600 G FLEISCH

1	Bund Thymian
2	Knoblauchzehen
1/2	Chilischote
1	Zitrone
100 ml	Olivenöl

ZUBEREITEN

Die Thymianblättchen abzupfen und in den Mörser geben. Die geschälten und halbierten Knoblauchzehen dazugeben. Die 1/2 Chilischote und die fein gehackte Schale der halben Zitrone zu den restlichen Zutaten geben und alles gut zerstoßen. Den Saft der Zitrone und das Olivenöl dazugeben und gut vermischen.

▶ *Die Marinade ist besonders gut für Lamm-, Schweine- oder Rindfleisch geeignet. Sie kann auch mit anderen Kräutern (Rosmarin, Majoran, Basilikum oder Koriander) zubereitet werden.*

Paprika-Honig-Marinade

ZUTATEN FÜR CA. 1 KG FLEISCH

4	Knoblauchzehen
80 ml	Ketchup
6 EL	Pflanzenöl
6 EL	Sojasauce
2 EL	Honig
1 TL	Cayennepfeffer
1 EL	edelsüßer Paprika

ZUBEREITEN

Die Knoblauchzehen schälen und fein hacken. Mit den übrigen Zutaten zu einer Marinade verrühren.

▶ *Diese Marinade ist ideal für Spareribs. 1 kg fleischige Schweinerippchen damit einstreichen und 1 Stunde bei Zimmertemperatur marinieren. Die Spareribs können auch 1–2 Tage (im Kühlschrank) in die Marinade eingelegt werden. Die Rippchen danach auf dem Grill oder im Backofen bei 180 °C (Heißluft) 35–40 Minuten knusprig garen.*

Limettenmarinade

ZUTATEN FÜR CA. 600 G FLEISCH

3 EL	Sojasauce
3 EL	Teriyakisauce
1 EL	Weißweinessig
1 Stück	(2 cm) Ingwer
1	Knoblauchzehe
1	Bund Koriander
1	Limette
150 ml	Erdnussöl

ZUBEREITEN

Saucen und Weißweinessig verrühren. Ingwer, Knoblauch und Koriander fein schneiden. Die Limette heiß waschen, eine Hälfte dünn schälen, die Limette auspressen. Die Schale fein hacken, alles zur Sauce geben. Mit Limettensaft und Erdnussöl verrühren.

▶ *Diese Sauce ist gut geeignet, um Kalb- oder Schweinefleisch zu marinieren (ca. 1–2 Stunden). Statt Weißwein- kann Reisessig verwendet werden.*

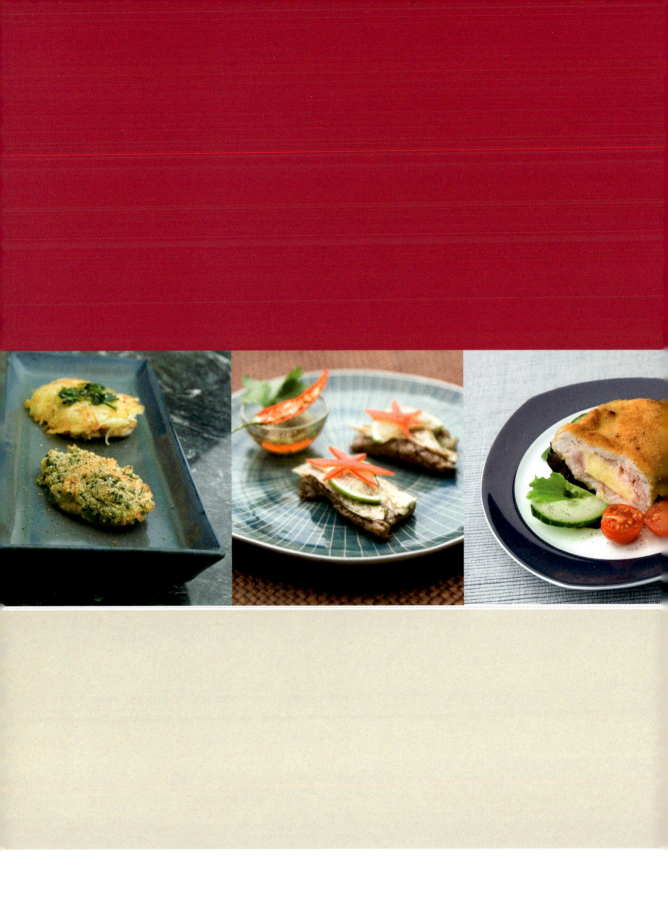

Schnitzel

Ob natur gebraten, knusprig paniert oder raffiniert gefüllt, aus Schnitzelfleisch lassen sich die vielfältigsten Varianten zaubern.

- ▶ Damit das Schnitzel zart und saftig wird, ist die Fleischqualität besonders wichtig.
- ▶ Das Fleisch vom Metzger in nicht zu dicke Scheiben schneiden lassen und – am besten zwischen 2 Lagen Frischhaltefolie – gleichmäßig dünn klopfen.
- ▶ Schnitzel immer bei mittlerer Hitze braten, am besten in Pflanzenöl oder Butterschmalz.

Schnitzel

Grundrezept

Wiener Schnitzel

▸ Fertig in 25 Minuten
▸ Gelingt leicht
▸ Klassiker

ZUTATEN FÜR 4 PERSONEN

4	Kalbsschnitzel à 180 g
4 EL	Mehl
200 g	Semmelbrösel
3	Eier
	Salz, weißer Pfeffer
100 ml	Pflanzenöl
60 g	Butter
1	Zitrone

VORBEREITEN

1 Die Kalbsschnitzel vom Metzger aus der Kalbsoberschale schneiden lassen. Das Fleisch abspülen, trocken tupfen und zwischen 2 Lagen Frischhaltefolie flach klopfen.

2 Das Mehl, die Semmelbrösel und die aufgeschlagenen und verquirlten Eier in flachen Schüsseln bereitstellen.

Was Mary Hahn schon wusste

Leckere Resteverwertung: Übrig gebliebene Semmelbrösel, Mehl und Ei miteinander verrühren, mit Salz, Pfeffer und gehackter Petersilie abschmecken und zu einem „Bratling" formen. In etwas Öl in der Pfanne anbraten und zu den Schnitzeln servieren.

ZUBEREITEN

1 Die Kalbsschnitzel beidseitig mit Salz und Pfeffer würzen. Zuerst in Mehl wenden, dann durch das verquirlte Ei ziehen und anschließend mit den Semmelbröseln durch sanftes Andrücken gleichmäßig panieren.

2 In einer großen Pfanne das Pflanzenöl erhitzen und die Kalbsschnitzel bei mittlerer Hitze von beiden Seiten in insgesamt ca. 7–8 Minuten goldbraun braten. Dabei etwas Fett über die Schnitzel schwenken, damit die Panade wellig aufgeht.

3 Die gebratenen Kalbsschnitzel aus der Pfanne nehmen und auf einem Teller mit Küchenkrepp abtropfen lassen. Die Pfanne mit Küchenkrepp auswischen und die Butter darin aufschäumen lassen.

4 Die Kalbsschnitzel nochmals in die Pfanne legen und in der Butter schwenken. Die Schnitzel auf vorgewärmten Tellern anrichten und mit Zitronenspalten servieren.

DAZU PASST
Ein Kartoffelsalat mit Mayonnaise oder ein bunter Blattsalat mit Rotweinessig-Zwiebel-Dressing schmecken sehr gut zum Wiener Schnitzel.

WENN ETWAS ÜBRIG BLEIBT
Ein Schnitzelsandwich ist eine ideale Mahlzeit fürs Büro: Dafür ein Ciabattabrötchen aufschneiden, beide Seiten dünn mit Mayonnaise bestreichen. Mit Tomatenscheiben, Salatblättern und dem in Streifen geschnittenen Kalbsschnitzel belegen und zusammenklappen.

SO SCHMECKT'S AUCH
Anstelle von Kalbsschnitzel eignen sich auch Schweineschnitzel, Putenbrust oder Hähnchenbrustfilets zum Panieren. Weil sich Geflügelfleisch nicht ganz so gut klopfen lässt, sollten die Fleischscheiben dünn geschnitten sein.
Ideal als Party-Fingerfood: Minischnitzel aus verschiedenen Fleischsorten mit unterschiedlichen Panaden.

Schritt für Schritt: Fleisch panieren

1 Das Schnitzel zwischen 2 Lagen Frischhaltefolie flach klopfen.

2 Das Fleisch in Mehl wenden, das überschüssige Mehl abschütteln.

3 Dann das leicht bemehlte Fleisch durch das verquirlte Ei ziehen.

4 Zum Schluss das Schnitzel in Semmelbröseln wenden, dabei die Panade leicht andrücken.

VARIANTEN FÜR DIE PANADE
Normalerweise nimmt man Semmelbrösel, um die Schnitzel zu panieren.
Es gibt dafür aber auch viele leckere Varianten:
- zerbröselte Cornflakes oder Tortilla-Chips
- weiße und schwarze Sesamsamen
- Haferflocken
- Semmelbrösel und geriebener Parmesan (im Verhältnis 1:1 mischen)
- Mandelblättchen oder grob gehackte Haselnüsse

Schnitzel

Cordon bleu

- *Fertig in 30 Minuten*
- *Gelingt leicht*
- *Preiswert und lecker*

Grundrezept

ZUTATEN FÜR 4 PERSONEN

4	Schweineschnitzel à 180 g
4 EL	Mehl
2	Eier
200 g	Semmelbrösel
4 Scheiben gekochter Schinken (70 g)	
4 Scheiben Emmentaler (60 g)	
	Salz, weißer Pfeffer
4	Zahnstocher
70 g	Butterschmalz
1	Zitrone
	etwas Petersilie

VORBEREITEN

1 Die Schmetterlingsschnitzel vom Metzger aus dem Schweinerücken schneiden lassen. Das Fleisch waschen und trocken tupfen, anschließend aufklappen und zwischen 2 Lagen Frischhaltefolie leicht klopfen.

2 Das Mehl, aufgeschlagene und verquirlte Eier sowie die Semmelbrösel in flachen Schüsseln bereitstellen.

ZUBEREITEN

1 Je 1 Scheibe Schinken mit 1 Scheibe Käse belegen und zusammenklappen. Die Schnitzel innen und außen mit Salz und Pfeffer würzen. Schinken und Käse auf eine Seite der Schnitzel legen und die andere Seite darüberklappen. Die Fleischtaschen mit einem Zahnstocher fixieren.

2 Die gefüllten Schnitzel in Mehl wenden, dann durch das verquirlte Ei ziehen und anschließend mit den Semmelbröseln durch sanftes Andrücken gleichmäßig panieren.

3 Butterschmalz in einer Pfanne erhitzen und die Cordons bleus von jeder Seite ca. 5 Minuten goldbraun braten. Dabei die Hitze nach 1–2 Minuten reduzieren. Das Fleisch aus der Pfanne nehmen, auf Küchenkrepp kurz abtropfen lassen und die Zahnstocher entfernen.

4 Das Cordon bleu auf einen vorgewärmten Teller legen. Die Petersilie in Butterschmalz frittieren, salzen und mit dem Fleisch anrichten. Die Zitrone in Spalten schneiden und dazulegen.

DAZU PASST

Bratkartoffeln passen sehr gut zum Cordon bleu. Reicht die Zeit nicht für die klassische Variante aus gekochten Kartoffeln, werden ganz dünne, rohe Kartoffelscheiben in heißem Butterschmalz oder Öl gebraten. Auch ein bunter Blattsalat, Kartoffelsalat oder Kroketten sind ideale Beilagen.

Cordon bleu italienisch

ZUTATEN FÜR 4 PERSONEN

4	Schweineschnitzel (aus der Oberschale) à 180 g
4 EL	Mehl
2	Eier
200 g	Semmelbrösel
4 Scheiben luftgetrockneter Schinken (70 g)	
4 Scheiben Mozzarella (60 g)	
	Salz, weißer Pfeffer
	einige Basilikumblätter
4	Zahnstocher
3 EL	Olivenöl
30 g	Butter
1	Zitrone

ZUBEREITEN

1 Die Schnitzel vorbereiten, die Zutaten für die Panade bereitstellen (siehe Seite 20). Je 1 Scheibe luftgetrockneten Schinken mit 1 Scheibe Mozzarella belegen und zusammenklappen.

2 Die Schnitzel mit Salz und Pfeffer würzen. Schinken, Käse und Basilikumblätter auf eine Hälfte der vorbereiteten Schnitzel legen und die zweite Hälfte darüberklappen. Die Fleischtaschen mit je einem Zahnstocher fixieren und panieren.

3 Eine Pfanne erhitzen und das Olivenöl mit der Butter aufschäumen lassen. Die italienischen Cordons bleus auf beiden Seiten je ca. 5 Minuten braten, dabei die Hitze nach 1–2 Minuten reduzieren.

4 Das Fleisch aus der Pfanne nehmen, auf Küchenkrepp abtropfen lassen und die Zahnstocher entfernen. Die Cordons bleus auf vorgewärmten Tellern anrichten und mit der Zitrone servieren.

DAZU PASST

Zum italienischen Cordon bleu schmeckt ein Radicchio- oder Rucolasalat mit Balsamicodressing. Gut passt dazu auch in Olivenöl gedünsteter Spinat mit Knoblauch oder frisch zubereitete Antipasti wie gebratene Zucchini und Auberginen mit gerösteten Pinienkernen.

WENN ETWAS ÜBRIG BLEIBT

Das kalte Cordon bleu kann in Streifen geschnitten auch fächerförmig auf einem gemischten Blattsalat angerichtet werden.

Schritt für Schritt: Cordon bleu italienisch

1 Scheibe Schinken mit 1 Scheibe Mozzarella und Basilikumblättern belegen und zusammenklappen.

Die gefüllte Schinkenscheibe auf eine Schnitzelhälfte legen, die andere Hälfte darüberklappen.

Die gefüllte Schnitzeltasche mit Zahnstochern fixieren.

Schnitzel

Saltimbocca

- *Fertig in 25 Minuten*
- *Italienische Spezialität*

ZUTATEN FÜR 4 PERSONEN

4	Kalbsschnitzel à 180 g
4 Scheiben	Parmaschinken (70 g)
16	Salbeiblätter
16	Zahnstocher
	Salz, Pfeffer
50 g	Butter
80 ml	Weißwein

VORBEREITEN

1 Die Schnitzel vom Metzger dünn aus der Oberschale schneiden lassen. Das Fleisch waschen, trocken tupfen und zwischen Frischhaltefolie leicht klopfen.

2 Die Schnitzel und die Schinkenscheiben jeweils in 4 Teile schneiden. Den Salbei waschen und auf Küchenkrepp abtropfen lassen.

ZUBEREITEN

1 Die kleinen Kalbsschnitzel mit je 1 kleinen Scheibe Parmaschinken und 1 Salbeiblatt belegen und mit einem Zahnstocher fixieren.

2 Die vorbereiteten Saltimboccas auf beiden Seiten mit Salz und Pfeffer würzen. Eine Pfanne erhitzen und die Butter darin aufschäumen lassen. Das Fleisch von beiden Seiten je ca. 2 Minuten braten, herausnehmen und warm halten. Den Bratensatz mit Weißwein ablöschen und einkochen lassen. Die Pfanne vom Herd ziehen.

3 Die Saltimboccas wieder zurück in die Pfanne geben und ca. 2 Minuten zugedeckt ziehen lassen. Dann auf vorgewärmten Tellern anrichten.

DAZU PASST

Zu Saltimbocca schmecken in Knoblauch geschwenkte Bandnudeln und ein Friséesalat.

SO SCHMECKT'S AUCH

Die Saltimboccas vor dem Servieren noch zusätzlich mit Salbeibutter beträufeln und dazu frisch geröstetes Weißbrot reichen.

WENN ETWAS ÜBRIG BLEIBT

Saltimbocca schmeckt auch kalt als kleiner Snack oder in Scheiben geschnitten zu einem Salat. Man kann das Saltimbocca auch in Blätterteig einschlagen und bei 220 °C ca. 10–15 Minuten backen. Die Zahnstocher zuvor entfernen.

Saltimbocca asiatisch

▶ Fertig in 25 Minuten
▶ Raffiniert

ZUTATEN FÜR 4 PERSONEN

4	Schweineschnitzel à 180 g
4	Weißkrautblätter (60 g)
4 EL	Sojasauce
	etwas frischer Koriander
16	Zahnstocher
3 EL	Sesamöl
1 EL	Honig
1	Chilischote
1	Knoblauchzehe
2 EL	Teriyakisauce

VORBEREITEN

1 Die Schnitzel vom Metzger dünn aus der Oberschale schneiden lassen. Das Fleisch waschen und trocken tupfen, zwischen Frischhaltefolie leicht klopfen. Jedes Schnitzel in vier Teile schneiden.

2 Den frischen Koriander waschen und auf Küchenkrepp abtropfen lassen. Die groben Strünke der Weißkrautblätter ausschneiden.

ZUBEREITEN

1 Die Weißkrautblätter in Sojasauce mit etwas Wasser kurz dünsten. Herausnehmen, abtropfen lassen und jedes Blatt in 4 Teile schneiden.

2 Die kleinen Schnitzel mit einigen Korianderblättern belegen, je 1/2 Weißkrautblatt darauflegen und mit einem Zahnstocher fixieren.

3 Eine Pfanne erhitzen und die Saltimboccas in Sesamöl bei hoher Hitze auf beiden Seiten kurz anbraten. Den Honig dazugeben und leicht karamellisieren lassen. Die Chilischote hacken, die Knoblauchzehe halbieren und beides zum Fleisch geben. Mit der Teriyakisauce ablöschen und die Saltimboccas noch 1–2 Minuten köcheln lassen. Dann auf vorgewärmten Tellern anrichten.

DAZU PASST
Zum asiatischen Saltimbocca reicht man eine Schale Reis und einen mit Sojasauce und Limettensaft marinierten Gurkensalat.

WENN ETWAS ÜBRIG BLEIBT
Asiatisches Saltimbocca kann man klein geschnitten am nächsten Tag in einer Misosuppe als Einlage verwenden.
Koriander lässt sich gut einfrieren und bei Bedarf zum Aromatisieren von Saucen und Dips verwenden.

 Was Mary Hahn schon wusste

Koriander wird auch chinesische Petersilie genannt und ist ein besonders aromatisches Würzkraut. Die Wurzeln können getrocknet und gemahlen verwendet werden. Und auch die Samen werden, möglichst frisch gemahlen, zum Würzen verwendet..

Schnitzel

Gefüllte Schnitzelröllchen

Grundrezept

- *Fertig in 35 Minuten*
- *Gut vorzubereiten*
- *Ideal für viele Gäste*

ZUTATEN FÜR 4 PERSONEN

4	Schweineschnitzel à 180 g
4	Champignons (ca. 50 g)
1	Zwiebel
	etwas Petersilie
1 Msp.	abgeriebene Zitronenschale
	Salz, Pfeffer
100 g	Bergkäse
8 Scheiben	Bauchspeck
8	Zahnstocher
3 EL	Pflanzenöl

VORBEREITEN

1 Die Schnitzel vom Metzger dünn aus der Oberschale schneiden lassen. Das Fleisch waschen, trocken tupfen und zwischen Frischhaltefolie leicht klopfen. Jedes Schnitzel einmal halbieren.

2 Die Champignons gründlich säubern, die Zwiebel schälen und alles sehr klein würfeln. Die Petersilie waschen, trocken schütteln und fein hacken.

ZUBEREITEN

1 Die Champignonwürfel in einer Pfanne in wenig Pflanzenöl kräftig anbraten, die Zwiebelwürfel dazugeben und kurz mitschwitzen. Die Mischung mit Zitronenschale, Salz und Pfeffer sowie der gehackten Petersilie abschmecken und abkühlen lassen.

2 Den Bergkäse grob reiben und unter die kalte Füllmasse mischen. Die Schnitzel auf beiden Seiten mit Salz und Pfeffer würzen. Mit je 1 Scheibe Speck belegen und 1 EL der Füllung darauf verteilen. Die Schnitzel an den Längsseiten jeweils 1 cm einschlagen, damit die Füllung nicht herausquellen kann. Das Fleisch der Länge nach aufrollen, die Röllchen mit Zahnstochern fixieren.

3 Die Schnitzelröllchen in einer Pfanne in heißem Pflanzenöl rundum ca. 2 Minuten anbraten, dann zugedeckt bei schwacher Hitze noch ca. 4–5 Minuten gar ziehen lassen.

4 Die Zahnstocher entfernen und die Schnitzelröllchen auf vorgewärmten Tellern anrichten. Besonders dekorativ sieht es aus, wenn die Röllchen schräg aufgeschnitten werden.

DAZU PASST

Zu den Schnitzelröllchen schmecken Bratkartoffeln oder auch Kartoffelpüree.

Schnitzelröllchen mit Tomaten

ZUTATEN FÜR 4 PERSONEN

4	Schweineschnitzel à 180 g
8	Frühlingszwiebel
8	getrocknete, in Öl eingelegte Tomaten
	etwas frischer Thymian
	Salz, Pfeffer
8	Zahnstocher
3 EL	Pflanzenöl

ZUBEREITEN

1 Die Schnitzel wie oben beschrieben vorbereiten. Die Frühlingszwiebeln waschen, putzen und das dunkle Grün abschneiden. Die eingelegten Tomaten abtropfen lassen.

2 Die Schnitzel mit je 1 Frühlingszwiebel, 1 getrockneten Tomate und etwas Thymian belegen, mit Salz und Pfeffer würzen, aufrollen und in heißem Öl braten.

Schnitzelröllchen in Sahnesauce

Zu den Schnitzelröllchen kann man schnell und einfach eine feine Sahnesauce zubereiten. Dafür die Röllchen nach dem Anbraten aus der Pfanne nehmen und zur Seite stellen. *1 gewürfelte Zwiebel* in *30 g Butter* anschwitzen, mit *Mehl* bestäuben, kurz weiterschwitzen und mit *80 ml Weißwein* und *150 ml Gemüsebrühe* auffüllen. Aufkochen lassen und *50 ml Sahne* langsam in die kochende Sauce geben. Mit *Salz* und *Pfeffer* abschmecken und die Schnitzelröllchen in die Sauce legen. Bei geschlossenem Deckel ca. 5 Minuten fertig garen.

SO SCHMECKT'S AUCH

Die Sauce kann man kurz vor dem Servieren noch mit *2 EL kross gebratenen Speckwürfeln*, und *40 g klein geschnittenen, in Öl eingelegten Tomaten* oder *2 EL grünen Pfefferkörnern* verfeinern.

WENN ETWAS ÜBRIG BLEIBT

Schnitzelröllchen in fertig gekaufte Strudelteigblätter einschlagen und mit etwas Butter bestrichen im Backofen bei 190 °C in ca. 15 Minuten knusprig backen.

Schritt für Schritt: Schnitzelröllchen mit Tomaten

1 Die Schnitzel mit je 1 Frühlingszwiebel, 1 getrockneten Tomate und Thymian belegen.

2 Die Schnitzel aufrollen und mit Zahnstochern fixieren. Dann in heißem Öl anbraten.

3 Die fertigen Schnitzelröllchen aufschneiden und z. B. mit gebratenen Kartoffeln servieren.

Schnitzel

Rinderschnitzel mit Weinsauce

▸ *Fertig in 35 Minuten*
▸ *Einfach zu variieren*

ZUTATEN FÜR 4 PERSONEN

4	*Rinderschnitzel à 180 g*
3	*Schalotten*
	Salz, Pfeffer
3 EL	*Pflanzenöl*
30 g	*Butter*
1 TL	*Mehl*
80 ml	*Weißwein*
150 ml	*Rinderbrühe*
50 ml	*Sahne*

VORBEREITEN

Die Schnitzel vom Metzger dünn aus der Oberschale oder aus der Lende schneiden lassen. Das Fleisch waschen, trocken tupfen und zwischen Frischhaltefolie leicht klopfen. Die Schalotten würfeln.

ZUBEREITEN

1 Die Rinderschnitzel mit Salz und Pfeffer würzen. Das Pflanzenöl in einer Pfanne erhitzen und die Schnitzel von beiden Seiten je ca. 3 Minuten anbraten. Aus der Pfanne nehmen und auf einen Teller bereitlegen.

2 Die Butter in der Pfanne aufschäumen lassen, die Schalottenwürfel darin anschwitzen, mit Mehl bestäuben, kurz weiterschwitzen und mit Weißwein und Rinderbrühe auffüllen. Aufkochen und die Sahne langsam in die kochende Sauce gießen. Mit Salz und Pfeffer abschmecken. Die Rinderschnitzel in die Sauce legen und bei geschlossenem Deckel ca. 2–4 Minuten, je nach Dicke der Schnitzel, ziehen lassen.

DAZU PASST

Zu diesem Rinderschnitzel passen Rösti, Bratkartoffeln oder Bandnudeln.

SO SCHMECKT'S AUCH

Die Sauce kann man kurz vor dem Servieren wahlweise mit *1 TL mittelscharfem Senf* oder *Dijon-Senf, 1 TL grünen Pfefferkörnern* oder *50 g gebratenen Pilzen (Champignons, Pfifferlingen oder Steinpilzen)* verfeinern. Das Fleisch mit der Beilage auf vorgewärmten Tellern anrichten und erst zum Schluss die verfeinerte Sauce dazugeben.

Senfschnitzel

▸ *Fertig in 35 Minuten*
▸ *Raffiniert*
▸ *Ganz einfach*

ZUTATEN FÜR 4 PERSONEN

4	Rinderschnitzel à 180 g
2 EL	mittelscharfen Senf
	Salz, Pfeffer
4 EL	Mehl
6 EL	Butterschmalz
1	Zitrone

VORBEREITEN

Die Rinderschnitzel vom Metzger aus der Oberschale oder von der Lende schneiden lassen. Das Fleisch abspülen, trocken tupfen und zwischen Frischhaltefolie leicht klopfen.

ZUBEREITEN

1 Die Rinderschnitzel auf beiden Seiten mit Senf bestreichen, mit Salz und Pfeffer würzen und in Mehl wenden.

2 Das Butterschmalz in einer großen Pfanne erhitzen und die Schnitzel darin auf beiden Seiten je ca. 5 Minuten braten. Aus der Pfanne nehmen und auf Küchenkrepp abtropfen lassen.

3 Die Rinderschnitzel auf vorgewärmten Tellern anrichten und mit Zitronenspalten servieren.

DAZU PASST

Zu diesem Schnitzel serviert man Kartoffelsalat mit oder ohne Mayonnaise oder einen bunten Blattsalat mit Rotweinessig-Dressing. Auch frische Cherry-Tomaten schmecken sehr gut dazu.

WENN ETWAS ÜBRIG BLEIBT

Ein kaltes Senfschnitzel – in einem Brötchen mit etwas Schnittlauch-Dip – ist ein leckerer Snack für unterwegs.

BEIM EINKAUFEN BEACHTEN

Für ein Rinderschnitzel muss das Fleisch wirklich gut abgehangen sein, sonst wird das Schnitzel zäh und schmeckt nicht.

SO SCHMECKT'S AUCH

Zum Rinderschnitzel passt sehr gut ein Feldsalat mit Walnussdressing: Dafür *2 EL Weißweinessig, Salz, Pfeffer* und etwas *Zucker* verrühren, *6 EL Walnussöl* zugeben und zu einer Vinaigrette vermischen. Den Feldsalat gut waschen und trocken schleudern, mit dem Dressing vermengen. Die gebratenen und in Streifen geschnittenen Rinderschnitzel darauflegen und servieren.

Schnitzel

Grundrezept

Kalbsschnitzel

▸ Fertig in 25 Minuten
▸ Gut zu variieren
▸ Gelingt leicht

ZUTATEN FÜR 4 PERSONEN

4	Kalbsschnitzel à 180 g (Oberschale oder Lende)
	Salz, Pfeffer
1 EL	Butterschmalz
80 ml	Weißwein
50 g	Butter

VORBEREITEN

Die Schnitzel waschen und trocken tupfen, zwischen Frischhaltefolie leicht klopfen.

ZUBEREITEN

1 Die vorbereiteten Kalbsschnitzel mit Salz und Pfeffer würzen. Eine Pfanne erhitzen und die Schnitzel in Butterschmalz bei starker Hitze gleichmäßig von beiden Seiten 2 Minuten anbraten.

Was Mary Hahn schon wusste

Wer etwas mehr Sauce mag, kann sie mit Gemüsebrühe verlängern. Um die Sauce zu binden, lässt man sie mit einer fein geraspelten Kartoffel aufkochen.

2 Die Schnitzel aus der Pfanne nehmen und unter Alufolie warm halten. Den Bratensatz mit Weißwein ablöschen und ca. 2 Minuten durchkochen lassen. Die Butter in Flöckchen dazugeben, mit Salz und Pfeffer abschmecken.

3 Die Kalbsschnitzel auf vorgewärmten Tellern mit der Sauce anrichten und servieren.

DAZU PASST
Zu Kalbsschnitzel natur schmecken in Butter geschwenkte Bandnudeln, Kartoffelpüree oder Petersilienkartoffeln.

WENN ETWAS ÜBRIG BLEIBT
Das Kalbsschnitzel auf eine Baguettehälfte legen, mit geriebenem Käse bestreuen und im vorgeheizten Backofen bei 200 °C überbacken, bis der Käse geschmolzen ist.

SO SCHMECKT'S AUCH
Den Bratensatz kann man statt mit Weißwein auch mit ca. *30 ml Noilly Prat* (trockener Wermut) und dem Saft *1 Zitrone* ablöschen.
Die Sauce lässt sich zusätzlich noch mit etwas fein gehackter *Petersilie* und evtl. auch noch mit *1–2 EL Kapern* verfeinern.

Kalbsschnitzel mit Pilzen

Die vorbereiteten Schnitzel würzen und anbraten. *100 g Pilze – Steinpilze, Pfifferlinge, Austernpilze* oder *Champignons* – gesäubert und fein geschnitten dazugeben und mitbraten. Dann den Bratensatz mit *Weißwein* ablöschen, kurz köcheln lassen und mit der Butter verfeinern.
Diese Variante kann noch mit *Petersilie* oder etwas frischem *Thymian* und mit *Preiselbeeren* abgeschmeckt werden.

Kräuterschnitzel

Natur gebratene Schnitzel lassen sich hervorragend mit verschiedenen frischen Kräutern oder fertigen Kräutermischungen variieren. Für 4 Schnitzel benötigt man *1–2 EL fein gehackte Kräuter*, die man kurz vor dem Servieren in die Sauce gibt.
Thymian, Basilikum, Rosmarin und Salbei – evtl. ergänzt durch einige Pinienkerne – schmecken besonders aromatisch. Schnittlauch, Bärlauch und Zitronenthymian setzen einen kräftigen Akzent.

Schritt für Schritt: Kalbsschnitzel mit Pilzen

1 Das Schnitzel zwischen Frischhaltefolie klopfen, die Pilze in Scheiben schneiden.

2 Die Schnitzel in Öl anbraten. Dann die Pilze dazugeben.

3 Mit Weißwein ablöschen, etwas köcheln lassen und die Sauce mit Butter verfeinern.

Tandoori-Schnitzel

▸ *Fertig in 25 Minuten*
▸ *Raffiniert*

ZUTATEN FÜR 4 PERSONEN

4	Schweineschnitzel à 180 g
1 Stück (2 cm)	Ingwer
1 TL	gehackter Koriander oder Korianderpulver
1 TL	fein gewürfelter Knoblauch
1 TL	Senfkörner
1 TL	Paprika
1 TL	brauner Zucker
4 Msp.	Cayennepfeffer
4 EL	Joghurt
	Salz, Pfeffer

VORBEREITEN

Die Schnitzel vom Metzger dünn aus der Lende schneiden lassen. Das Fleisch waschen, trocken tupfen und zwischen Frischhaltefolie leicht klopfen.

ZUBEREITEN

1 Den Ingwer schälen und reiben. Die Knoblauchzehe schälen und fein würfeln. Ingwer, Korianderblätter oder -pulver, Knoblauch, Senfkörner, Paprika, braunen Zucker und Cayennepfeffer in einen Mörser geben, zerkleinern und gut vermischen. Joghurt dazugeben und alles zu einer Marinade verrühren.

2 Die Schweineschnitzel mit der Marinade bestreichen und in einer beschichteten Pfanne von beiden Seiten ca. 3 Minuten braten. Mit Salz und Pfeffer würzen und die Schnitzel auf vorgewärmten Tellern anrichten.

DAZU PASST

Als Beilage zu diesen würzigen Schnitzeln schmecken Pommes frites oder auch wilder Reis sehr gut. Mit Zitronen- oder Limettenscheiben, Eisbergsalatblättern sowie mit frischer Minze und einigen Gurkenscheiben dekorieren.

SO SCHMECKT'S AUCH

Auch im Backofen kann man diese leckere Schnitzel-Variante zubereiten. Dafür den Ofen auf höchster Grill-Stufe vorheizen. Ein Blech mit Alufolie auslegen und auf der untersten Schiene einschieben. Wenn der Backofen heiß ist, das Schweineschnitzel auf der obersten Schiene garen.

Gratiniertes Schnitzel

▸ Fertig in 30 Minuten
▸ Gut vorzubereiten
▸ Ideal für Gäste

ZUTATEN FÜR 4 PERSONEN

4	Schweineschnitzel à 180 g
	Salz, Pfeffer
1 EL	Pflanzenöl
6 EL	Semmelbrösel
8 EL	Butter
2 EL	italienische Kräuter (frisch oder TK-Kräutermischung)

VORBEREITEN

Die Schweineschnitzel vom Metzger dünn aus der Lende schneiden lassen. Das Fleisch waschen und trocken tupfen. Zwischen Frischhaltefolie legen und die Schnitzel leicht klopfen.

ZUBEREITEN

1 Die Schnitzel mit Salz und Pfeffer würzen und rasch von beiden Seiten in einer Pfanne in Öl anbraten. Herausnehmen und auf ein Backblech legen.

2 Den Backofen auf Grill-Stufe (240 °C) vorheizen. Die Semmelbrösel mit der zimmerwarmen Butter und der italienischen Kräutermischung vermengen. Die Gratiniermasse mit Salz und Pfeffer abschmecken und auf den vorbereiteten Schnitzeln verteilen. Das Fleisch sollte vollständig mit der Masse bedeckt sein.

3 Die Schnitzel unter dem Grill ca. 2–4 Minuten gratinieren und auf vorgewärmten Tellern anrichten.

DAZU PASST

In etwas Sahne geschwenkte Nudeln oder ein Kartoffelgratin sowie glasierte Karotten oder Zuckerschoten schmecken dazu sehr gut.

WENN ES SCHNELL GEHEN SOLL

Gratinierte Schnitzel lassen sich gut vorbereiten: Die Schnitzel anbraten, mit der Gratiniermasse bedecken und dann wieder kalt stellen. Vor dem Servieren unter den Grill schieben und gratinieren.

Schnitzel im Kartoffelmantel

150 g Kartoffeln grob reiben. Diese Masse auf *4 mit Salz und Pfeffer gewürzte Schweineschnitzel* verteilen und gut festdrücken. In einer Bratpfanne *8 EL Pflanzenöl* erhitzen und die Schnitzel auf der Kartoffelseite bei starker Hitze anbraten. Dann die Hitze reduzieren, damit die Kartoffeln gar werden, ohne zu verbrennen. Kurz vor dem Servieren die Schnitzel wenden und fertig garen.

Geschnetzeltes

Am besten schmeckt es natürlich mit zartem Filet, aber auch aus Schnitzel- und Steakfleisch lässt sich im Handumdrehen ein leckeres Geschnetzeltes zubereiten.

- ▶ Die Fleischstreifen möglichst gleich groß schneiden, damit sie gleichmäßig gar werden.
- ▶ Vor dem Anbraten wird das Fleisch sorgfältig trocken getupft, damit sich schnell eine braune Kruste bildet.
- ▶ Das Fleisch portionsweise anbraten, es sollte genügend Platz in der Pfanne haben, damit die austretende Flüssigkeit sofort verdunsten kann.

Geschnetzeltes

Zürcher Geschnetzeltes

▸ Fertig in 40 Minuten
▸ Klassiker

Grundrezept

ZUTATEN FÜR 4 PERSONEN

600 g	Kalbfleisch (Oberschale)
4	Schalotten
150 g	Champignons
	Salz, Pfeffer
1 EL	Mehl
2 EL	Pflanzenöl oder Butterschmalz
125 ml	Weißwein
200 ml	Rinderbrühe
100 g	Crème fraîche
	etwas Zitronensaft
	etwas Petersilie

VORBEREITEN

Das Fleisch in ca. 1 cm dicke Scheiben schneiden, waschen, trocken tupfen und in dünne Streifen schneiden. Schalotten schälen und fein würfeln. Champignons gründlich säubern und in Scheiben schneiden.

ZUBEREITEN

1 Die Fleischstreifen mit Salz und Pfeffer würzen und mit Mehl bestäuben. In einer Pfanne in heißem Öl kurz von allen Seiten anbraten, herausnehmen und auf einem Teller beiseitestellen.

2 Schalottenwürfel und Champignonscheiben in die Pfanne geben und kurz anschwitzen. Mit dem Weißwein ablöschen, die Rinderbrühe hinzufügen und aufkochen lassen.

3 Die Sauce etwa um 1/3 einkochen lassen, dann die Crème fraîche unterziehen und mit Salz, Pfeffer und Zitronensaft abschmecken. Die Fleischstreifen mit dem Fleischsaft, der sich gebildet hat, zurück in die Sauce geben und kurz erwärmen, aber nicht mehr kochen lassen.

4 Das Geschnetzelte auf vorgewärmten Tellern anrichten und mit frisch geschnittener Petersilie bestreut servieren.

SO SCHMECKT'S AUCH

Besonders schmackhaft wird die Sauce, wenn man **100 ml Rinderbrühe** und ca. **50 ml Kalbsjus** oder **Bratensaft** (siehe Rezept Seite 14) verwendet. Anstelle von Champignons kann man auch Steinpilze, Pfifferlinge oder Austernpilze verwenden.
Statt mit Zitronensaft lässt sich das Geschnetzelte auch mit etwas fein abgeriebener Zitronenschale abschmecken. Crème fraîche kann man durch süße Sahne ersetzen.

DAZU PASST

Ganz klassisch und besonders gut schmecken Rösti zum Zürcher Geschnetzelten.

Rösti

▶ Fertig in 15 Minuten
▶ Ganz einfach

ZUTATEN FÜR 4 PERSONEN

200 g	mehligkochende Kartoffeln
200 g	gekochte Kartoffeln vom Vortag
2	Eigelb
	Salz, weißer Pfeffer, Muskat
2 EL	Butterschmalz

ZUBEREITEN

1 Die rohen und die gekochten Kartoffeln schälen und in eine Schüssel raspeln. Die Eigelbe dazugeben, mit Salz, Pfeffer und Muskat würzen und die Kartoffelmasse gut vermischen.

2 Das Butterschmalz in einer Pfanne erhitzen, die Kartoffelmasse hineingeben und flach drücken. Anbraten, dann mit einem Teller wenden und bei mittlerer Hitze knusprig fertig garen.

Schritt für Schritt: Geschnetzeltes

1 Das Fleisch in Streifen schneiden und in heißem Öl von allen Seiten braun anbraten.

2 Das Fleisch herausnehmen und die Zwiebelwürfel und Champignons in der Pfanne anbraten.

3 Mit Weißwein und Rinderbrühe ablöschen und das Fleisch nochmal kurz in der Sauce ziehen lassen.

Geschnetzeltes

Kalbsgeschnetzeltes

▸ *Fertig in 30 Minuten*
▸ *Vielfältig zu variieren*
▸ *Gelingt leicht*

ZUTATEN FÜR 4 PERSONEN

600 g	Kalbfleisch (Schulter oder Oberschale)
1	Zwiebel
	Salz, Pfeffer
2 EL	Pflanzenöl
30 g	Butter
1 EL	Mehl
100 ml	Weißwein
200 ml	Gemüsebrühe oder Kalbsfond
100 ml	Sahne
	etwas Petersilie

VORBEREITEN

Das Kalbfleisch in Scheiben schneiden, waschen und trocken tupfen, dann in dünne Streifen schneiden. Die Zwiebel schälen und würfeln.

ZUBEREITEN

1 Die Fleischstreifen mit Salz und Pfeffer würzen und in einer Pfanne in Pflanzenöl kurz von allen Seiten kräftig anbraten. Aus der Pfanne nehmen und in einer Schüssel beiseitestellen.

2 In der Pfanne die Butter aufschäumen lassen. Die Zwiebelwürfel darin 3 Minuten anschwitzen, mit Mehl bestäuben und kurz andünsten. Weißwein und Kalbsfond angießen und aufkochen. Die Sahne unterrühren, cremig einkochen lassen und mit Salz und Pfeffer abschmecken.

3 Das angebratene Fleisch mit dem Fleischsaft zur Sauce geben, kurz erwärmen, aber nicht mehr aufkochen lassen. Mit frisch geschnittener Petersilie bestreut servieren.

DAZU PASST

Zum Kalbsgeschnetzelten kann man als Beilage Bandnudeln, Bratkartoffeln, Kartoffelpüree, Gnocchi oder Rösti (siehe Seite 37) reichen.

SO SCHMECKT'S AUCH

Das Kalbsgeschnetzelte lässt sich ganz einfach mit *Pilzen (ca. 150 g)*, die in Scheiben geschnitten mit den Zwiebeln angedünstet werden, verfeinern. Auch mit *verschiedenen Gemüsesorten (ca. 200–300 g)* – kurz gedünstet oder im Dampfgarer zubereitet und kurz vor dem Servieren unter das Geschnetzelte gemischt – lassen sich einfache und raffinierte Varianten zubereiten.

Geschnetzeltes mit Spargel

▸ Fertig in 35 Minuten
▸ Gelingt leicht

ZUTATEN FÜR 4 PERSONEN

600 g	Kalbfleisch (Schulter oder Oberschale)
150 g	weißer oder grüner Spargel
100 g	Artischockenböden oder -herzen (aus Dose oder Glas)
	Salz, Pfeffer
1 EL	Mehl
2 EL	Pflanzenöl
2 EL	Butter
250 ml	Kalbsfond
30 ml	Noilly Prat (trockener, weißer Wermut)
100 ml	Sahne
	etwas Kerbel

VORBEREITEN

Das Kalbfleisch waschen, trocken tupfen, in Scheiben und dann in Streifen schneiden. Den Spargel waschen, schälen und in 2 cm große Stücke schneiden. Die Artischockenböden oder -herzen auf einem Sieb abtropfen lassen und in Stücke schneiden.

ZUBEREITEN

1 Die Fleischstreifen mit Salz und Pfeffer würzen, mit Mehl bestäuben und in einer Pfanne mit heißem Öl kurz von allen Seiten kräftig anbraten. Aus der Pfanne nehmen und in einer Schüssel beiseitestellen.

2 In der Pfanne die Butter aufschäumen lassen, die Spargelstücke darin kurz andünsten und mit etwas Kalbsfond bissfest garen (ca. 10 Minuten). Den Spargel herausnehmen und zum Fleisch in die Schüssel geben.

3 Restlichen Kalbsfond und Noilly Prat in die Pfanne gießen und um 1/3 reduzieren. Dann die Sahne zugeben und cremig einkochen lassen. Die Artischockenstücke in die Sauce geben und kurz mitkochen. Zum Schluss die Fleischstreifen und den Spargel dazugeben und kurz ziehen lassen.

4 Das Geschnetzelte mit Salz und Pfeffer abschmecken und mit Kerbelblättchen garnieren.

Was Mary Hahn schon wusste

Um die Sauce mit Mehl und Butter zu binden, wird das Mehl einige Minuten mit der Butter angeschwitzt. Nach dem Auffüllen mit Flüssigkeit die Sauce gut durchkochen lassen, damit der Mehlgeschmack verschwindet.

Geschnetzeltes

Curry-Geschnetzeltes

▸ *Fertig in 35 Minuten*
▸ *Raffiniert*

ZUTATEN FÜR 4 PERSONEN

600 g	Kalbfleisch (Oberschale oder Kalbsnuss)
1	Zwiebel
2	Bananen
1	Knoblauchzehe
	Salz, Pfeffer
2 EL	Palmfett
80 ml	Weißwein
250 ml	Gemüsebrühe
150 ml	Kokosmilch
ca. 2 EL	Currypulver oder Currypaste
1 TL	Honig

VORBEREITEN

Das Fleisch in ca. 1 cm breite Scheiben schneiden, waschen und trocken tupfen, dann in Streifen schneiden. Die Zwiebel schälen und würfeln. 1 Banane schälen und mit einer Gabel zerdrücken. Den Knoblauch schälen und fein hacken.

ZUBEREITEN

1 Das Fleisch mit Salz und Pfeffer würzen und in einer Pfanne in Palmfett kräftig anbraten. Herausnehmen und auf einem Teller beiseitestellen.

2 In der Pfanne die gewürfelte Zwiebel hellgelb anschwitzen und die zerdrückte Banane dazugeben. Mit Weißwein und Gemüsebrühe auffüllen und aufkochen lassen. Knoblauch, Kokosmilch und Curry (nach gewünschter Schärfe dosieren) zur Sauce geben und mit Salz, Pfeffer und Honig abschmecken.

3 Die Sauce etwas einkochen lassen, dann das Kalbfleisch mit dem Bratensaft, der sich gebildet hat, dazugeben und kurz ziehen, aber nicht mehr kochen lassen.

4 Die restliche Banane in Scheiben schneiden und in einer Pfanne in etwas Palmfett anbraten. Das Currygeschnetzelte auf vorgewärmten Tellern anrichten und mit den gebratenen Bananenscheiben servieren.

DAZU PASST

Zu dieser indischen Geschmacksvariante passen verschiedene Reissorten wie Basmatireis, Thai-Duftreis, Wildreis oder Vollkornreis am besten.

WENN ETWAS ÜBRIG BLEIBT

Das Curry-Geschnetzelte kann man am nächsten Tag mit Tortilla-Chips essen. Zum Mitnehmen das Fleisch mit einigen Salatblättern und Tomatenscheiben in Crêpes bzw. Wraps wickeln.

Rote Currypaste

▸ *Fertig in 20 Minuten*
▸ *Sehr scharf*

ZUTATEN FÜR 4 PERSONEN

6	rote Peperoni
2	rote Chilischoten
2	kleine Zwiebeln
1	Zitrone
1 TL	gemahlener Koriander
1 TL	Zitronengraspulver
1 TL	Kreuzkümmel
1 TL	Salz
2 EL	Sojasauce
	Muskat, Pfeffer

ZUBEREITEN

Die Peperoni und die Chilischoten waschen, halbieren, die Kerne entfernen und klein schneiden. Die Zwiebeln schälen und fein würfeln. Die Zitronen- bzw. die Limettenschale sehr dünn (ohne weiße Haut) abschälen und fein hacken. Alle Zutaten in einem Mörser gut zerstoßen und vermischen.

Grüne Currypaste

▸ *Fertig in 20 Minuten*
▸ *Sehr scharf*

ZUTATEN FÜR 4 PERSONEN

8	grüne Peperoni
3	grüne Chilischoten
3	kleine Zwiebeln
1	Limette
1 TL	gemahlener Koriander
1 TL	Zitronengraspulver
1 TL	Kreuzkümmel
4 EL	Sojasauce
	Muskat, Pfeffer

ZUBEREITEN

Die Zutaten wie im Rezept für die rote Currypaste angegeben vermischen.

WENN ETWAS ÜBRIG BLEIBT
Die Currypasten kann man gut verschlossen bis zu 2 Wochen im Kühlschrank aufbewahren.

Schritt für Schritt: Currypaste

1 *Die Zutaten für die Currypaste klein schneiden und bereitlegen.*

2 *Alle Zutaten in einem Mörser fein zerstoßen und gut vermischen.*

3 *Die fertige Currypaste in ein Glas mit Schraubverschluss füllen.*

Geschnetzeltes

Geschnetzeltes mit Ananas

▸ *Fertig in 25 Minuten*
▸ *Raffiniert*

ZUTATEN FÜR 4 PERSONEN

600 g	Schweineschnitzel (Oberschale)
1	Zwiebel
180 g	Ananas (aus der Dose)
1 EL	Butterschmalz
2 TL	Honig
60 ml	Weißwein
200 ml	Gemüsebrühe
1 EL	Kokosflocken
	Salz, Pfeffer
1 EL	Curry
1	Zitrone
4 EL	Crème fraîche
	etwas frischer Koriander

VORBEREITEN

Die Schweineschnitzel waschen, trocken tupfen und in Streifen schneiden. Zwiebel fein würfeln. Die Ananasscheiben auf einem Sieb abtropfen lassen.

ZUBEREITEN

1 Die Ananasscheiben in einer Pfanne mit etwas Butterschmalz anbraten, den Honig dazugeben und karamellisieren lassen, dann beiseitestellen.

2 Die Fleischstreifen mit den Zwiebelwürfeln kräftig in einer Pfanne mit heißem Butterschmalz anbraten. Mit dem Weißwein und der Gemüsebrühe ablöschen, aufkochen lassen und die Kokosflocken einrühren.

3 Das Geschnetzelte mit Salz, Pfeffer, Curry, Honig und Zitronensaft abschmecken und die Crème fraîche unterziehen. Die karamellisierten Ananasscheiben auf einen vorgewärmten Teller legen, das Geschnetzelte darauf anrichten und mit frisch geschnittenem Koriander bestreut servieren.

DAZU PASST

Als Beilage zu diesem Geschnetzelten schmeckt Wildreis, Thai-, Duft- oder Klebereis.

SO SCHMECKT'S AUCH

Anstelle von Ananas (frische Fruchtscheiben schmecken natürlich besonders gut) kann man auch Mango, Kirschen oder Pfirsiche verwenden.
Um die Sauce zu binden, kann man auch eine kleine zerdrückte Banane unterrühren.
Statt Crème fraîche passt für die Sauce auch Kokosmilch sehr gut.

Geschnetzeltes in Kokosmilch

▶ *Fertig in 35 Minuten*
▶ *Ideal für Gäste*

ZUTATEN FÜR 4 PERSONEN

600 g	*Schweinefleisch (Unter- oder Oberschale)*
1 TL	*Zitronengraspulver*
1 kleines Stück Ingwer	
1	*Knoblauchzehe*
1	*Chilischote*
2 EL	*Erdnussöl*
4 EL	*Sojasauce*
2 EL	*Teriyakisauce*
150 ml	*Gemüsebrühe*
150 ml	*Kokosmilch*
	etwas Zitronensaft
	etwas frischer Koriander

VORBEREITEN

Das Fleisch waschen, trocken tupfen, in Scheiben und dann in Streifen schneiden. Das Zitronengraspulver mit geriebenem Ingwer und klein geschnittener Knoblauchzehe und Chilischote in einem Mörser zerstoßen und vermischen.

ZUBEREITEN

1 Die Fleischstreifen in einer Pfanne in Erdnussöl kräftig anbraten, herausnehmen und in einer Schüssel beiseitestellen.

2 Den Bratensatz mit Soja- und Teriyakisauce ablöschen und die im Mörser vorbereitete Gewürzmischung dazugeben. Mit Gemüsebrühe und Kokosmilch ablöschen und aufkochen lassen.

3 Das Fleisch zur Sauce zurück in die Pfanne geben. Mit Zitronensaft und fein geschnittenem Korianderkraut abschmecken und auf vorgewärmten Tellern anrichten.

SO SCHMECKT'S AUCH

Statt Pulver kann man auch frisches Zitronengras verwenden. Dafür den Stängel der Länge nach halbieren, den zarten Innenhalm entnehmen und fein schneiden. Die gröberen Außenblätter leicht klopfen und zum Aromatisieren mit in die Sauce legen. Besonders lecker schmeckt es, wenn man das Gericht zusätzlich mit einigen Granatapfelkernen bestreut.

WENN ETWAS ÜBRIG BLEIBT

Das Geschnetzelte nur leicht erwärmen und unter frisch zubereiteten Spinatsalat heben. Den Salat mit Zitronen- oder Limettensaft abschmecken und mit Cashewkernen oder etwas Sesamsaat garnieren.

Geschnetzeltes

Marinierte Filetstreifen

- Fertig in 15 Minuten
- Marinierzeit: mindestens 2 Stunden
- Gut vorzubereiten

ZUTATEN FÜR 4 PERSONEN

600 g	Schweinefilet
50 g	Frühlingszwiebeln
100 ml	Gemüsebrühe
80 ml	Weißwein
150 ml	Sahne
	Salz, Pfeffer
	etwas Petersilie

FÜR DIE MARINADE:

50 g	Bananenchips
1	Zitrone oder Limette
80 ml	Sonnenblumenöl
2 EL	Curry
1 EL	Honig

VORBEREITEN

1 Vom Schweinefilet Häutchen und Fett entfernen. Das Fleisch zuerst in dünne Scheiben, dann in Streifen schneiden. Bananenchips in der Moulinex fein zu Pulver mahlen. Zitrone oder Limette auspressen.

2 Das Öl mit Bananenpulver, Curry, Honig, Limetten- oder Zitronensaft verrühren. Das Fleisch in die Marinade legen und mindestens 2 Stunden (maximal 2 Tage) im Kühlschrank durchziehen lassen.

ZUBEREITEN

1 Die Frühlingszwiebeln waschen, putzen und in schräge Streifen schneiden. Das Fleisch aus der Marinade nehmen, abtropfen lassen und in einer Pfanne kurz anbraten. Herausnehmen und in einer Schüssel beiseitestellen.

2 Die Frühlingszwiebeln in die Pfanne geben und anbraten. Die restliche Marinade, die Gemüsebrühe, den Weißwein und die Sahne dazugeben, kräftig aufkochen und etwas einkochen lassen.

3 Die Sauce mit Salz und Pfeffer würzen, das Geschnetzelte dazugeben und kurz ziehen, aber nicht mehr kochen lassen. Mit fein geschnittener Petersilie garnieren und anrichten.

DAZU PASST
Zum Geschnetzelten Reisnudeln oder Reis als Beilage servieren.

SO SCHMECKT'S AUCH
Für eine leichte italienische Marinade verrührt man *2 EL frisches fein geschnittenes Basilikum, 1 fein gewürfelte Knoblauchzehe, 1 EL gehackte Kapern* und ca. 15 gemischte, halbierte Oliven ohne Kern sowie *100 g getrocknete, in Öl eingelegte halbierte Tomaten*. Die Sauce mit *Weißwein* und *Gemüsebrühe* ablöschen und mit etwas *Chili* abschmecken.

Filetstreifen mit Frühlingszwiebeln

▸ Fertig in 30 Minuten
▸ Gut vorzubereiten
▸ Herzhaft

ZUTATEN FÜR 4 PERSONEN

600 g	Schweinefilet
8	Frühlingszwiebeln
1	Knoblauchzehe
1 EL	Erdnussöl
1 TL	Zucker
8 EL	Sojasauce
8 EL	Teriyakisauce
	etwas frischer Koriander
2 EL	Sesam

VORBEREITEN

Das Schweinefilet waschen und trocken tupfen, Fett und Häutchen entfernen. Das Fleisch in dünne Scheiben, dann in Streifen schneiden. Die Frühlingszwiebeln waschen, putzen und in 3 cm lange Stücke schneiden. Den Knoblauch schälen und fein würfeln.

ZUBEREITEN

1 Das Fleisch in einer großen Pfanne in stark erhitztem Erdnussöl kurz anbraten, herausnehmen und in einer Schüssel beiseitestellen.

2 In der Pfanne die Frühlingszwiebeln mit dem Zucker hellbraun karamellisieren. Den Knoblauch dazugeben, mit Soja- und Teriyakisauce ablöschen und einmal kurz aufkochen lassen.

3 Das Fleisch und den Saft, der sich gebildet hat, in die Sauce geben und kurz ziehen, aber nicht mehr kochen lassen. Mit etwas fein geschnittenem Koriander abschmecken und bei Bedarf noch etwas Wasser dazugeben.

4 Das Geschnetzelte auf vorgewärmten Tellern anrichten und mit Sesam bestreut servieren.

DAZU PASST
Zu asiatischen Gerichten schmecken Reisnudeln oder gedämpfter Klebereis besonders gut.

SO SCHMECKT'S AUCH
Die Filetstreifen lassen sich mit Gemüse und Pilzen leicht variieren:
100 g Austern- oder *Shitake-Pilze* nach dem Fleisch kurz in der Pfanne anbraten, herausnehmen und später wieder zur Sauce geben.
100 g Zuckerschoten oder *100 g Sojabohnen-* oder *Bambussprossen* kurz anbraten und dann unter die Sauce mischen.
Anstelle von Sesam kann man das Gericht mit *30 g gerösteten Erdnüssen* oder *Cashewkernen* bestreuen.

Geschnetzeltes

Rinder-geschnetzeltes

▸ Fertig in 25 Minuten
▸ Gelingt leicht

ZUTATEN FÜR 4 PERSONEN

400 g	Rinderlende oder -hüfte
2	Zwiebeln
1	Knoblauchzehe
2 EL	Pflanzenöl
200 ml	Bratensaft
4 EL	Portwein
	Salz, Pfeffer, Zimt
1 TL	Senf
2 EL	Butter
	etwas Petersilie

Grundrezept

VORBEREITEN

Das Fleisch waschen und trocken tupfen, Häutchen und Fett entfernen. Das Fleisch zuerst in dünne Scheiben, danach in Streifen schneiden. Zwiebeln und Knoblauch schälen und fein würfeln.

ZUBEREITEN

1 Eine große Pfanne erhitzen und das Fleisch in Öl kräftig anbraten. Herausnehmen und in einer Schüssel beiseitestellen.

2 Die Zwiebelwürfel in der Pfanne anschwitzen und mit Bratensaft und Portwein ablöschen. Knoblauch dazugeben und 2 Minuten kräftig kochen lassen.

3 Das Fleisch zur Sauce geben und mit Salz, Pfeffer, Zimt, Senf, Butter und fein geschnittener Petersilie abschmecken. Das Geschnetzelte auf vorgewärmten Tellern anrichten und servieren.

Geschnetzeltes mit Tomaten und Kapern

▸ Fertig in 25 Minuten
▸ Italienische Spezialität
▸ Raffiniert

ZUTATEN FÜR 4 PERSONEN

600 g	Rinderfiletspitzen
16	kleine Schalotten
2 EL	Pinienkerne
3	getrocknete, in Öl eingelegte Tomaten
1 EL	Kapern
1	Knoblauchzehe
2 EL	Pflanzenöl
200 ml	Rinderbrühe oder Bratensaft (Rezept Seite 14)
1 EL	Balsamico-Essig
1 EL	italienische Kräuter (frisch oder TK-Kräutermischung)
2 EL	Butter
	Salz, Pfeffer

VORBEREITEN

Das Fleisch waschen und trocken tupfen, zuerst in dünne Scheiben, dann in Streifen schneiden. Die Schalotten putzen und halbieren. Die Pinienkerne in einer Pfanne ohne Fett anrösten. Die Tomaten und die Kapern hacken. Die Knoblauchzehe schälen und fein schneiden.

ZUBEREITEN

1 Die Fleischstreifen in einer großen Pfanne bei starker Hitze in Öl anbraten. Herausnehmen und in einer Schüssel beiseitestellen. Die Hitze reduzieren, die Schalotten in die Pfanne geben und gleichmäßig Farbe nehmen lassen.

2 Die Zwiebeln mit Rinderbrühe oder Bratensaft und Balsamico-Essig ablöschen, die Kräutermischung, geröstete Pinienkerne, gehackte Tomaten, Kapern und Knoblauch dazugeben und kräftig aufkochen lassen.

3 Das Fleisch in die Sauce geben, mit Butter, Salz und Pfeffer abschmecken, nicht mehr kochen lassen. Das Geschnetzelte auf vorgewärmten Tellern anrichten.

DAZU PASST
Gnocchi oder Tagliatelle sind die idealen Beilagen für dieses würzige Geschnetzelte.

WENN ETWAS ÜBRIG BLEIBT
Zwei große Tomaten über Kreuz einritzen, kurz in kochendes Wasser legen, herausnehmen, schälen, den Stielansatz entfernen. Das Fruchtfleisch in kleine Stücke schneiden und in einer beschichteten Pfanne anbraten. Das Geschnetzelte dazugeben und erwärmen. Schmeckt gut zu Pasta oder Reis.

Geschnetzeltes

Boeuf Stroganoff

▸ *Fertig in 35 Minuten*
▸ *Klassiker*

ZUTATEN FÜR 4 PERSONEN

600 g	Rinderfilet oder Rinderlende
2	Zwiebeln
150 g	Champignons
80 g	Essiggurken
	Salz, Pfeffer
3 EL	Butterschmalz
2 EL	Butter
2 TL	Mehl
50 ml	Rotwein
250 ml	Bratensaft (Rezept Seite 14)
1 EL	mittelscharfer Senf
100 ml	Sahne
2	Knoblauchzehen
	etwas Petersilie

VORBEREITEN

Das Fleisch waschen und trocken tupfen, zuerst in Scheiben und dann in kleine Würfel (1 x 1 cm) schneiden. Die Zwiebeln schälen und fein würfeln, die Champignons säubern und in dünne Scheiben schneiden. Die Essiggurken abtropfen lassen und in Streifen schneiden.

ZUBEREITEN

1 Die Fleischwürfel mit Salz und Pfeffer würzen und in einer Pfanne in heißem Butterschmalz kurz von allen Seiten anbraten. Herausnehmen und auf einem Teller beiseitestellen.

2 Die Butter in der Pfanne aufschäumen lassen, die Zwiebelwürfel und Champignonscheiben darin hellbraun andünsten. Das Mehl dazugeben und 2 Minuten anschwitzen. Mit dem Rotwein ablöschen, den Bratensaft dazugießen und etwas einkochen lassen.

3 Die Sauce mit Senf und den fein geschnittenen Essiggurken sowie Salz und Pfeffer abschmecken. Das Fleisch mit dem Saft, der sich gebildet hat, zurück in die Sauce geben und kurz ziehen, aber nicht mehr aufkochen lassen.

4 Die Sahne mit den geschälten und klein geschnittenen Knoblauchzehen aufkochen, mit Salz und Pfeffer würzen und mit dem Mixstab aufschäumen.

5 Das Boeuf Stroganoff auf vorgewärmten Tellern anrichten und mit fein geschnittener Petersilie bestreuen. Mit dem Knoblauchschaum beträufeln und servieren.

DAZU PASST

Zu Boeuf Stroganoff schmecken Rösti, Bratkartoffeln, Kroketten, Bandnudeln und Spätzle.

SO SCHMECKT'S AUCH
Das Rinderfilet kann statt in Würfel auch in Streifen geschnitten werden. Die Sahne kann auch (ohne Knoblauchzehen) direkt in die Sauce eingerührt werden. Wenn man saure Sahne verwendet, die Sauce danach nicht mehr aufkochen lassen, damit sie nicht gerinnt.

Boeuf Stroganoff mit Roter Bete

▸ *Fertig in 35 Minuten*

ZUTATEN FÜR 4 PERSONEN

600 g	Rinderschnitzel (Oberschale)
150 g	Champignons
80 g	Rote Bete
2	Knoblauchzehen
80 g	Essiggurken
	Salz, Pfeffer
3 EL	Butterschmalz
1 TL	Mehl
50 ml	Portwein
250 ml	Rinderbrühe oder Bratensaft (Rezept Seite 14)
1 EL	mittelscharfer Senf
	etwas Estragon
	etwas abgeriebene Zitronenschale
	etwas Petersilie

VORBEREITEN
Das Rinderschnitzel waschen, trocken tupfen und in Streifen schneiden. Die Champignons säubern und in dünne Scheiben schneiden. Die Rote Bete mit Schale weich kochen, schälen (oder bereits gegarte, vakuumverpackte Knollen verwenden) und in kleine Stücke schneiden. Die Knoblauchzehen und Essiggurken fein schneiden.

ZUBEREITEN

1. Die Fleischstreifen mit Salz und Pfeffer würzen und in einer Pfanne in heißem Butterschmalz kräftig anbraten. Herausnehmen und beiseitestellen.

2. Champignons, Rote Bete und Knoblauch in die Pfanne geben, anbraten, mit dem Mehl bestäuben, mit Portwein und Brühe oder Bratensaft ablöschen und etwas einkochen lassen.

3. Die Sauce mit Senf, Essiggurken, Estragon, Zitronenschale sowie Salz und Pfeffer abschmecken. Die Fleischstreifen dazugeben und kurz ziehen, aber nicht mehr aufkochen lassen.

4. Das Boeuf Stroganoff auf vorgewärmten Tellern anrichten und mit fein geschnittener Petersilie bestreut servieren.

SO SCHMECKT'S AUCH
Nach dem Anbraten kann man das Fleisch auch mit ca. *30 ml Cognac* ablöschen. Zum Abschmecken der Sauce ist auch trockener Sherry gut geeignet.

Geschnetzeltes

Lammgeschnetzeltes

▸ Fertig in 35 Minuten
▸ Gelingt leicht

Grundrezept

ZUTATEN FÜR 4 PERSONEN

600 g	Lammrücken (ausgelöst) oder Lammfilet
2	Zwiebeln
1	Bund Suppengrün
3	Knoblauchzehen
1	Zucchini
	Salz, Pfeffer
1 EL	Mehl
2 EL	Butterschmalz
2 EL	Tomatenmark
100 ml	Rotwein
200 ml	Rinderbrühe
	etwas Thymian
1 EL	Balsamico-Essig
3 EL	kalte Butter

VORBEREITEN

1 Fett und Häutchen von Lammrücken oder Lammfilet entfernen. Das Fleisch waschen, trocken tupfen, in Scheiben und dann in Streifen schneiden.

2 Die Zwiebel schälen und würfeln. Das Suppengrün waschen, putzen und in kleine Würfel schneiden. Den Lauch getrennt bereitstellen. Knoblauchzehen schälen und klein schneiden. Zucchini waschen und in Scheiben schneiden.

ZUBEREITEN

1 Die Fleischstreifen mit Salz und Pfeffer würzen, mit dem Mehl vermischen und in einer Pfanne in Butterschmalz kräftig anbraten. Herausnehmen und in einer Schüssel beiseitestellen.

2 Gemüse in der Pfanne kräftig anschwitzen und Farbe nehmen lassen, Tomatenmark zugeben und kurz mitrösten. Zum Schluss den Lauch dazugeben. Mit Rotwein und Rinderbrühe aufgießen und aufkochen lassen. Knoblauch, Thymian und Balsamico zur Sauce geben und mit Salz und Pfeffer abschmecken.

3 Die Sauce auf die Hälfte einkochen lassen, mit der Butter binden. Zum Schluss das Lammfleisch mit dem Bratensaft, der sich gebildet hat, dazugeben und kurz in der Sauce ziehen lassen. Das Geschnetzelte auf vorgewärmten Tellern anrichten.

DAZU PASST

Zum Lammgeschnetzelten schmecken Bandnudeln, Bratkartoffeln, Kartoffelpüree oder Rösti.

Lammgeschnetzeltes mit Kartoffel-Gemüse

▶ *Fertig in 45 Minuten*

ZUTATEN FÜR 4 PERSONEN

600 g	Lammrücken (ausgelöst) oder Lammfilet
2	kleine Zwiebeln
140 g	Kartoffeln
140 g	grüne Bohnen
1 TL	weiße Pfefferkörner
1 EL	Butterschmalz
50 ml	Weißwein
150 ml	Gemüsebrühe
100 ml	Sahne
	Salz, Pfeffer
40 ml	Portwein
1 EL	kalte Butter
	etwas Thymian

VORBEREITEN

1 Das Lammfilet waschen, trocken tupfen und in Streifen schneiden. Die Zwiebeln fein würfeln.

2 Die Kartoffeln schälen und mit einem Ausstecher kleine Kugeln ausstechen. In Salzwasser weich garen und abgießen. Die Bohnen putzen und in 2–3 cm lange Stücke schneiden. In etwas Salzwasser weich dünsten und mit den Kartoffeln in einem Topf bereitstellen.

ZUBEREITEN

1 Die Zwiebelwürfel und die Pfefferkörner in einer Stielkasserolle mit etwas Butterschmalz anschwitzen, mit dem Weißwein ablöschen. Die Gemüsebrühe dazugeben und aufkochen lassen. Die Sahne in die kochende Flüssigkeit einlaufen und 10 Minuten ziehen lassen, dann durch ein Sieb passieren und bis zum Anrichten warm stellen.

2 Die Fleischstreifen in einer Pfanne mit dem restlichen Butterschmalz anbraten, mit Salz und Pfeffer würzen und mit dem Portwein glacieren.

3 Das Kartoffel-Bohnen-Gemüse mit etwas Butter warm schwenken, mit Salz und Pfeffer abschmecken und auf vorgewärmten Tellern anrichten.

4 Die Pfeffersahne mit der restlichen kalten Butter mit einem Pürierstab schaumig aufmixen, mit Salz und Pfeffer abschmecken.

5 Das Lammgeschnetzelte auf die Teller mit dem angerichteten Gemüse verteilen, den Pfefferschaum darüberträufeln und mit Thymian garnieren.

Geschnetzeltes

Geschnetzeltes mit Oliven

▶ Fertig in 30 Minuten
▶ Raffiniert

ZUTATEN FÜR 4 PERSONEN

600 g	Lammrücken (ohne Knochen) oder Lammfilet
2	kleine Zwiebeln
2	Knoblauchzehen
50 g	gemischte Oliven ohne Kern
6	Walnüsse
1 EL	Butterschmalz
	Salz, Pfeffer
	etwas frischer Rosmarin
250 ml	Rinderbrühe oder Bratensaft (Rezept Seite 14)
1	Zitrone
60 g	Schafskäse

VORBEREITEN

Das Fleisch waschen und trocken tupfen. Zuerst in Scheiben und dann in Streifen schneiden. Zwiebeln und Knoblauch schälen und in feine Würfel schneiden. Die Oliven halbieren. Die Walnusskerne aus der Schale lösen und halbieren.

ZUBEREITEN

1 Die Fleischstreifen mit Zwiebel- und Knoblauchwürfeln in einer Pfanne mit Butterschmalz scharf anbraten, mit Salz, Pfeffer und etwas Rosmarin würzen. Mit Brühe oder Bratensaft ablöschen, Oliven und halbierte Walnüsse dazugeben.

2 Das Geschnetzelte auf vorgewärmten Tellern anrichten. Mit Zitronensaft beträufeln, mit klein geschnittenem Schafskäse und etwas frischem Rosmarin servieren.

DAZU PASST

Als Beilage dazu schmecken Kartoffeln, Reis oder ein frisch aufgebackenes Fladenbrot.

SO SCHMECKT'S AUCH

Das Lammgeschnetzelte lässt sich mit *1 EL altem Balsamico-Essig* raffiniert verfeinern. Sehr gut schmeckt dazu auch *junger Knoblauch*, der im Frühjahr erhältlich ist: Einfach mit der Schale in feine Scheiben hobeln, frittieren und mit *Salz* gewürzt über das Geschnetzelte streuen.

Geschnetzeltes „Gyros-Art"

- *Fertig in 25 Minuten*
- *Ganz einfach*

ZUTATEN FÜR 4 PERSONEN

600 g	Schweineschnitzel (Oberschale)
2	kleine Zwiebeln
	etwas Thymian
	etwas Rosmarin
2 EL	Olivenöl
2	Knoblauchzehen
	Salz, Pfeffer

FÜR DEN KNOBLAUCH-DIP:

200 g	Crème fraîche
1/2	Zitrone
	Salz, Pfeffer
1/2	Chilischote
4	Knoblauchzehen
	etwas Schnittlauch

VORBEREITEN

Die Schweineschnitzel waschen, trocken tupfen und in schräge, größere Streifen schneiden. Zwiebeln schälen und in feine Ringe schneiden. Thymian und Rosmarin abzupfen und fein schneiden, mit 1 EL Olivenöl vermischen. Die Knoblauchzehen schälen und halbieren.

ZUBEREITEN

1 Die Fleischstreifen mit dem Knoblauch in einer Pfanne mit 1 EL Olivenöl scharf anbraten, mit Salz und Pfeffer würzen. Das Fleisch mit dem vorbereiteten Kräuter-Olivenöl aromatisieren und auf Tellern anrichten.

2 Für den Dip die Crème fraîche mit Zitronensaft, Salz und Pfeffer cremig rühren. Die Chilischote halbieren, die Kerne entfernen, die Knoblauchzehen schälen. Beides fein schneiden und unter die Crème fraîche ziehen. Mit etwas fein gehacktem Schnittlauch bestreuen.

3 Das Geschnetzelte „Gyros-Art" mit den Zwiebelringen dekorieren, mit etwas Zitronensaft beträufeln und mit dem Dip servieren.

DAZU PASST

Sehr gut schmecken dazu Fladenbrot und einige Gurkenscheiben zum Dippen.

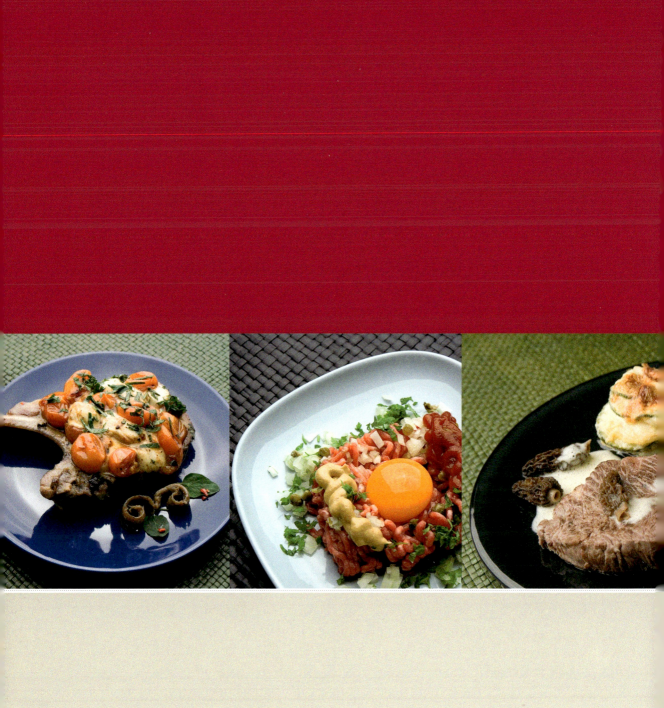

Steaks & Koteletts

Kurzgebratenes wie Steak und Kotelett sollte von bester Qualität sein, dann hat man in wenigen Minuten ein besonders leckeres Stück Fleisch auf dem Teller.

- ▶ Bevor das Fleisch in die Pfanne kommt, sollte das Fett sehr heiß sein, damit sich die Poren schnell schließen und das Steak saftig bleibt.

- ▶ Nicht zu lange braten, sonst wird das Fleisch zäh. Größere Stücke nach dem Anbraten im heißen Backofen gar ziehen lassen.

- ▶ Aus dem Bratensatz lässt sich ganz schnell eine köstliche kleine Sauce zubereiten: einfach mit etwas Flüssigkeit ablöschen und abschmecken.

Steaks

Filetsteak

- *Fertig in 40 Minuten*
- *Klassiker*
- *Gelingt leicht*

Grundrezept

ZUTATEN FÜR 4 PERSONEN

4	Rinderfiletscheiben à 150 g (vom Mittelstück)
8	Schalotten
2	Knoblauchzehen
	Salz, Pfeffer
2 EL	Pflanzenöl
	einige Thymian- oder Rosmarinzweige

VORBEREITEN

Das Rinderfilet waschen und trocken tupfen. Die Schalotten und die Knoblauchzehen schälen und halbieren.

ZUBEREITEN

1 Das Fleisch mit Salz und Pfeffer würzen. Das Öl in einer großen Pfanne stark erhitzen, Knoblauch und Schalotten hineinlegen. Die Filetscheiben auf jeder Seite 2 Minuten anbraten.

2 Die Hitze frühzeitig reduzieren, das Fleisch mehrmals mit dem Bratenfett übergießen und bis zum gewünschten Gargrad (siehe Seite 13) ziehen lassen.

3 Das Filetsteak auf vorgewärmten Tellern mit den Schalotten und Knoblauchzehen anrichten und mit Thymian oder Rosmarin garnieren.

DAZU PASST

Butternudeln, aber auch Petersilienkartoffeln, Bratkartoffeln, Kroketten, Herzoginkartoffeln oder Pommes frites passen gut zu einem Filetsteak.

SO SCHMECKT'S AUCH

Das Fleisch aus der Pfanne nehmen und unter Alufolie warm halten. Die Bratenrückstände mit etwas Rotwein oder Portwein ablöschen. Mit Salz und Pfeffer abgeschmeckt ergibt dieser Sud zusammen mit dem Knoblauch und den Schalotten eine feine Sauce.

WENN ETWAS ÜBRIG BLEIBT

Das gebratene Filetsteak kann kalt in dünne Scheiben geschnitten und auf einem Salat angerichtet werden. Als leckeren Snack für unterwegs die Fleischscheiben in ein Baguettebrötchen mit etwas Knoblauchbutter, Gurken- und Tomatenscheiben sowie einigen Salatblättern legen.

BEIM EINKAUFEN BEACHTEN

Damit das Filetsteak wirklich ein zarter Genuss wird, sollte man beim Metzger ein gut abgehangenes Rinderfilet verlangen. Es muss feinfaserig und von Fettadern durchzogen sein, außen und am Anschnitt trocken, und es darf kein Fleischsaft austreten.

Was Mary Hahn schon wusste

Man kann das Fleisch nach dem Anbraten auch im Backofen fertig garen. Dafür den Backofen auf 220 °C (Ober- und Unterhitze) vorheizen. Das Fleisch auf einem Backblech bis zum gewünschten Gargrad (siehe Seite 13) ziehen lassen. Dabei entspannt sich das Fleisch und wird besonders zart.

Gratinierte Steaks

150 g Semmelbrösel, *60 ml Olivenöl*, *Salz*, *Pfeffer* und *1 EL Kräuter der Provence* zu einer Gratiniermasse vermengen. Pro Person 1 Filetsteak von beiden Seiten, wie im Grundrezept beschrieben, anbraten. Das Fleisch aus der Pfanne nehmen, auf ein Backblech legen und 1/2 cm dick mit Gratiniermasse bedecken. Unter dem vorgeheizten Grill auf mittlerer Schiene 3–4 Minuten hellbraun gratinieren.

Steaks

Filetsteak in Rahmsauce

▸ *Fertig in 20 Minuten*
▸ *Gut zu variieren*

ZUTATEN FÜR 4 PERSONEN

4	Rinderfiletscheiben vom Mittelstück à 150 g
2	kleine Zwiebeln
1	Knoblauchzehe
	Salz, Pfeffer
2 EL	Butterschmalz
1 EL	Mehl
80 ml	Weißwein
150 ml	Rinderbrühe
100 ml	Sahne
1 EL	grüne Pfefferkörner
	etwas Petersilie

VORBEREITEN

Das Fleisch waschen und trocken tupfen. Zwiebeln und Knoblauch schälen und fein schneiden.

ZUBEREITEN

1 Das Fleisch mit Salz und Pfeffer würzen. In einer großen Pfanne das Butterschmalz erhitzen und das Fleisch darin von einer Seite 2–4 Minuten anbraten. Wenden, Knoblauch und Zwiebeln dazugeben und weitere 2–4 Minuten braten.

2 Das Mehl darüberstäuben und kurz mitschwitzen. Dann mit Weißwein und Rinderbrühe ablöschen und alles zusammen aufkochen lassen.

3 Die Sahne in die kochende Sauce einlaufen lassen, mit Salz und Pfeffer abschmecken und leicht köcheln lassen. Den Gargrad der Filetsteaks immer wieder überprüfen (siehe Seite 13).

4 Das fertig gegarte Fleisch auf vorgewärmten Tellern anrichten, die Sauce durch ein feines Sieb auf die Teller passieren und das Gericht mit grünen Pfefferkörnern und gehackter Petersilie servieren.

SO SCHMECKT'S AUCH

Man kann auf die Bindung mit Mehl verzichten, wenn man statt der süßen Sahne etwas Crème fraîche unter die Sauce rührt.

WENN ETWAS ÜBRIG BLEIBT

Das Steak in kleine Streifen schneiden und in der Sauce – mit Sahne oder Bratensaft etwas verlängert – noch einmal erwärmen. So erhält man ein feines Filet-Geschnetzeltes, das man mit Rösti oder Kartoffelpüree servieren kann.

Filetsteak in Morchelrahmsauce

▶ Fertig in 25 Minuten
▶ Raffiniert

ZUTATEN FÜR 4 PERSONEN

200 g	frische Morcheln (oder 12 getrocknete Morcheln)
4	Rinderfiletscheiben vom Mittelstück à 150 g
3	Schalotten
1	Knoblauchzehe
	Salz, Pfeffer
2 EL	Butterschmalz
1 EL	Mehl
20 ml	Cognac
80 ml	Weißwein
150 ml	Rinderfond
100 ml	Crème fraîche
	etwas Kerbel

VORBEREITEN

Die Pilze säubern und in mundgerechte Stücke schneiden. Die getrockneten Morcheln einweichen. Das Fleisch waschen und trocken tupfen. Schalotten und Knoblauchzehen schälen und fein würfeln. Den Backofen auf 240 °C vorheizen.

Was Mary Hahn schon wusste

Morcheln müssen gut gewässert werden, da sie sehr sandig sein können. Das Morchelwasser wird vorsichtig, am besten durch eine Filtertüte, abgegossen und für die Sauce verwendet..

ZUBEREITEN

1 Das Fleisch mit Salz und Pfeffer würzen. Eine große Pfanne erhitzen, das Butterschmalz hineingeben und das Fleisch von jeder Seite 2–4 Minuten scharf anbraten. Die Steaks herausnehmen und auf einem Backblech in den vorgeheizten Ofen schieben.

2 Die Zwiebel- und Knoblauchwürfel mit den Pilzen in der Pfanne andünsten. Das Mehl darüberstäuben und alles zusammen kurz anschwitzen lassen. Mit Cognac, Weißwein und Rinderfond (bei getrockneten Morcheln zusätzlich mit dem gefilterten Einweichwasser) ablöschen und etwas einkochen lassen.

3 Die Crème fraîche unterrühren, die Sauce mit Salz und Pfeffer abschmecken. Die Steaks aus dem Ofen nehmen, den Gargrad überprüfen (siehe Seite 13) und evtl. noch kurz in der Sauce ziehen lassen.

4 Das Fleisch auf vorgewärmte Teller geben, die Sauce mit den Pilzen und mit Kerbelblättchen anrichten und servieren.

Steaks

Porterhouse-Steak

▸ *Fertig in ca. 2 Stunden*
▸ *Ideal für Gäste*

ZUTATEN FÜR 4 PERSONEN

1 kg	Porterhouse-Steak
10	Schalotten
5	Knoblauchzehen
	einige Thymianzweige
	Salz, Pfeffer
2 EL	Butterschmalz

VORBEREITEN

Das Porterhouse-Steak waschen und trocken tupfen. Die Schalotten und die Knoblauchzehen schälen und halbieren. Den Backofen auf 80 °C (Ober- und Unterhitze) vorheizen. Die Thymianzweige waschen.

ZUBEREITEN

1 Das Fleisch mit Salz und Pfeffer würzen. Eine große Pfanne erhitzen, das Butterschmalz hineingeben und das Fleisch von beiden Seiten 2–3 Minuten anbraten. Die Schalotten und den Knoblauch dazulegen und kurz mitbraten.

2 Die Thymianzweige auf das Fleisch legen und das Steak mit dem Knoblauch und den Schalotten auf einem Backblech in den Ofen schieben. Ca. 2 Stunden garen (siehe Seite 13).

3 Das Fleisch aus dem Ofen nehmen und auf ein Brett mit Saftrille legen. In dünne Scheiben schneiden und mit Schalotten und Knoblauch auf vorgewärmten Tellern anrichten.

DAZU PASST

Bratkartoffeln, Pommes frites oder Kartoffelgratin und feines Buttergemüse aus Karotten, Petersilienwurzel, Zuckerschoten, Staudensellerie, Brokkoli und Blumenkohl schmecken sehr gut zum Steak.

T-Bone-Steak

▸ *Fertig in 45 Minuten*
▸ *Gelingt leicht*

ZUTATEN FÜR 4 PERSONEN

2	T-Bone-Steaks à 400 g
4	Knoblauchzehen
1 TL	edelsüßer Paprika
1 TL	Curry
1 TL	Salz
1 TL	Pfeffer
1/2 TL	Kümmel
100 ml	Pflanzenöl
1 EL	Honig
200 ml	Bier

FÜR DEN DIP:

400 g	Crème fraîche
1	Zitrone
	Salz, weißer Pfeffer
1 Msp.	Cayennepfeffer

VORBEREITEN

Die T-Bone-Steaks waschen und trocken tupfen, den Fettrand einschneiden. Für die Marinade den Knoblauch schälen und fein würfeln. Paprika, Curry, Salz, Pfeffer und Kümmel mit dem Öl vermengen und den Knoblauch dazugeben.

ZUBEREITEN

1 Die Steaks auf einer Seite mit der Marinade bestreichen. Mit der marinierten Seite nach unten in zwei große heiße Pfannen oder auf den Grill legen und bei hoher Hitze 2–3 Minuten kräftig anbraten.

2 Die obere Steakseite ebenfalls mit der Marinade bestreichen. Den Honig in die Pfanne geben oder auf dem Grill in dünnen Fäden über das Fleisch ziehen.

3 Die Steaks wenden, den Honig leicht karamellisieren lassen und das Fleisch mit dem Bier beträufeln. Die Pfanne zudecken und die Steaks bei mittlerer Hitze ca. 2–4 Minuten je nach gewünschtem Gargrad fertig braten und in Scheiben schneiden.

4 Für den Dip die Crème fraîche mit Zitronensaft verrühren und mit Salz, weißem Pfeffer und Cayennepfeffer abschmecken. Mit dem Fleisch servieren.

DAZU PASST
Mit verschiedenen Blattsalaten, Bohnensalat, Tomatensalat, Antipasti-Gemüse und in Alufolie gegarten Ofenkartoffeln wird daraus ein typisches Barbecue.

WENN ETWAS ÜBRIG BLEIBT
Reste vom T-Bone-Steak in dünne Streifen schneiden. Mit einer feinen Essig-Zwiebel-Marinade und mit gedünsteten Spargelspitzen vermischen und als Salat servieren.

Steaks

Zwiebelrost-braten

▸ *Fertig in 25 Minuten*

Grund-rezept

ZUTATEN FÜR 4 PERSONEN

4	*Scheiben Rinderlende à 160–180 g*
200 g	*Zwiebeln*
1	*Knoblauchzehe*
	Salz, Pfeffer
1–2 EL	*mittelscharfer Senf*
6 EL	*Pflanzenöl*
1 TL	*Mehl*
300 ml	*Rinderbrühe*
80 ml	*Weißwein*

VORBEREITEN

Das Fleisch waschen und trocken tupfen und die Ränder mehrmals einschneiden, damit sich das Fleisch beim Braten nicht wölbt. Die Zwiebeln schälen und in Streifen schneiden. Den Knoblauch schälen und fein würfeln.

ZUBEREITEN

1 Das Fleisch mit Salz und Pfeffer würzen und mit Senf einstreichen. Das Öl in einer Pfanne erhitzen und das Fleisch bei starker Hitze auf jeder Seite 1 Minute anbraten. Herausnehmen und beiseitestellen.

2 Die Zwiebelstreifen in der Pfanne anschwitzen und etwas Farbe nehmen lassen. Den Knoblauch dazugeben, mit Mehl bestäuben und kurz andünsten.

3 Mit Rinderbrühe und Weißwein ablöschen, mit Salz und Pfeffer würzen und die Sauce um 1/3 einkochen lassen. Die Fleischscheiben zurück in die Pfanne legen und zugedeckt in der Sauce bis zum gewünschten Gargrad (siehe Seite 13) ziehen lassen.

4 Den Rostbraten mit den Zwiebelstreifen und der Sauce auf vorgewärmten Tellern anrichten.

DAZU PASST
Petersilien-, Stampf- oder Bratkartoffeln sowie glasiertes Wurzelgemüse passen gut zu diesem Gericht. Mit (handgeschabten) Spätzle wird es zu einer typisch schwäbischen Spezialität.

SO SCHMECKT'S AUCH
Den Rostbraten kann man auch mit frisch frittierten Zwiebeln anrichten. Dafür *1–2 Zwiebeln* in feine Ringe schneiden, in einer Mischung aus *1 EL Mehl* und *1 TL Paprika* wenden und das überschüssige Mehl abschütteln. Die so vorbereiteten Zwiebelringe in reichlich Pflanzenöl knusprig frittieren.

WENN ETWAS ÜBRIG BLEIBT

Das Fleisch in feine Streifen schneiden und am nächsten Tag als Geschnetzeltes mit Reis servieren. Die Sauce kann man mit etwas Crème fraîche verlängern und verfeinern.

Zwiebelrostbraten in Rotwein

▸ *Fertig in 30 Minuten*

ZUTATEN FÜR 4 PERSONEN

4	Scheiben Rinderlende à 160 g
200 g	Zwiebeln
4	Tomaten
6	Essiggurken
	Salz, Pfeffer
40 g	Butterschmalz
2 TL	Mehl
200 ml	Rotwein
200 ml	Rinderbrühe
4 EL	Balsamico
1/2 Bund Petersilie	

VORBEREITEN

1 Die Fleischscheiben waschen, trocken tupfen und die Ränder mehrmals einschneiden, damit sich das Fleisch beim Braten nicht wölbt. Die Zwiebeln halbieren, schälen und fein würfeln.

2 Von den Tomaten den grünen Stielansatz ausschneiden, die Tomatenhaut an der Unterseite kreuzförmig leicht einritzen. Die Tomaten in kochendem Wasser 1–2 Minuten blanchieren, kalt abschrecken, schälen, halbieren, entkernen und in kleine Würfel schneiden. Die Essiggurken in feine Würfel schneiden.

ZUBEREITEN

1 Die Rostbratenscheiben mit Salz und Pfeffer würzen und mit etwas Butterschmalz in einer Pfanne bei hoher Hitze auf jeder Seite 1–2 Minuten anbraten. Das Fleisch aus der Pfanne nehmen und mit Alufolie abgedeckt auf einem Teller beiseitestellen.

2 Die Zwiebelwürfel in der Pfanne mit dem restlichen Butterschmalz bei mittlerer Hitze ca. 10 Minuten hellbraun rösten. Das Mehl darüberstäuben, kurz weiterrösten, dann mit Rotwein und Rinderbrühe ablöschen und etwas einkochen lassen. Mit Salz, Pfeffer und Balsamico abschmecken und die gewürfelten Essiggurken dazugeben.

3 Das Fleisch zurück in die Pfanne legen und bis zum gewünschten Gargrad (siehe Seite 13) ziehen lassen. Auf vorgewärmten Tellern anrichten.

4 Die Sauce kurz aufkochen, mit kalter Butter glatt rühren, fein geschnittene Petersilie und die vorbereiteten Tomatenwürfel unterheben und die Sauce mit dem Rostbraten servieren.

DAZU PASST

Kartoffelpüree, Topinambur-Püree, Kartoffelgratin, Bratkartoffeln oder Bandnudeln und ein grüner Salat schmecken gut dazu.

WENN ETWAS ÜBRIG BLEIBT

Den Rostbraten in Streifen schneiden und mit Salatblättern, etwas Sauce und Tomatenscheiben in einem Brötchen als feinen Burger servieren.

 Was Mary Hahn schon wusste

Durch das Dünsten in der Sauce wird der Rostbraten besonders zart. Die Ränder leicht einschneiden, damit sich das Fleisch beim Braten nicht wölbt.

Steaks

Steak Tatar

▸ *Fertig in 20 Minuten*
▸ *Klassiker*

ZUTATEN FÜR 4 PERSONEN

500 g	Rindfleisch (Filet oder Oberschale)
2	Zwiebeln
4	Essiggurken
4 EL	Kapern
	etwas Petersilie
	Salz, Pfeffer
4 EL	Worcestersauce
2 EL	mittelscharfer Senf
4 EL	Tomatenmark
40 ml	Cognac
4	Eigelb

VORBEREITEN

1 Das Rinderfilet von Sehnen und Häutchen befreien, in kleine Würfel schneiden und durch den Fleischwolf drehen oder schon vom Metzger durchdrehen lassen.

2 Die Zwiebeln schälen und fein würfeln. Die Essiggurken und die Kapern fein hacken. Die Petersilie waschen und fein schneiden.

ZUBEREITEN

1 Das Rinderhack mit Salz, Pfeffer, Zwiebelwürfeln, gehackten Kapern und Essiggurken, Petersilie, Worcestersauce, Senf, Tomatenmark und Cognac vermengen und pikant abschmecken.

2 Das Tatar auf 4 Tellern anrichten. In die Mitte eine Mulde drücken und je 1 rohes Eigelb hineinsetzen.

DAZU PASST
Baguette, Knoblauch- oder Fladenbrot sowie Tomatensalat, Gurkensalat oder gemischte Blattsalate schmecken gut dazu.

WENN ETWAS ÜBRIG BLEIBT
Übrig gebliebenes Steak Tatar zu Frikadellen formen und in einer Pfanne in heißem Öl von jeder Seite 2–3 Minuten rosa braten.

 Was Mary Hahn schon wusste

Für das Steak Tatar ist Voraussetzung, dass man beim Metzger Fleisch von bester Qualität, das zart und gut abgehangen ist, einkauft.

Carpaccio

- *Fertig in 40 Minuten*
- *Ideal für Gäste*

ZUTATEN FÜR 4 PERSONEN

300 g	Rinderfilet
50 g	Parmesan
	Salz, Pfeffer
8 EL	Olivenöl
4 EL	Zitronensaft

VORBEREITEN

Das Rinderfilet waschen und gut trocken tupfen, von Sehnen und Häutchen befreien, straff in Klarsichtfolie einwickeln und für 30 Minuten in das Gefrierfach legen. Den Parmesan fein hobeln.

ZUBEREITEN

1 Das leicht angefrorene Rinderfilet mit einem scharfen Messer oder mit der Aufschnittmaschine in möglichst dünne Scheiben schneiden und auf Tellern anrichten.

2 Das Carpaccio mit Salz und Pfeffer würzen, mit Olivenöl und Zitronensaft beträufeln und mit Parmesan bestreuen.

DAZU PASST

Das Carpaccio mit Baguette oder Knoblauchbrot und mit Tomaten und Blattsalat anrichten.

WENN ETWAS ÜBRIG BLEIBT

Die Fleischscheiben kurz mit 1 kleinen, fein gewürfelten Zwiebel in einer Pfanne anbraten und mit einer Vinaigrette aus Rotweinessig und Kernöl einen Rindfleischsalat zubereiten.

Schweinefilet im Wurzelsud

▶ Fertig in 30 Minuten
▶ Ideal für Gäste

ZUTATEN FÜR 4 PERSONEN

600 g	Schweinefilet
2	Zwiebeln
1	Knoblauchzehe
150 g	Karotten
150 g	Sellerie
150 g	Lauch
	Salz, Pfeffer
1 EL	Butterschmalz
80 ml	Weißwein
200 ml	Gemüsebrühe
	etwas Muskat
30 g	Butter
	etwas Petersilie

VORBEREITEN

1. Das Schweinefilet von Fett und Häutchen befreien. Das Fleisch waschen, gut trocken tupfen und in 2 cm dicke Scheiben schneiden.

2. Die Zwiebeln und den Knoblauch schälen und fein würfeln, getrennt bereitstellen. Karotten, Sellerie und Lauch waschen bzw. schalen und in dünne Streifen schneiden.

ZUBEREITEN

1. Das Fleisch mit Salz und Pfeffer würzen und in einer großen Pfanne in heißem Butterschmalz kurz auf beiden Seiten anbraten. Die Filetstücke aus der Pfanne nehmen und mit einem Deckel oder Alufolie abgedeckt zur Seite stellen.

2. Die Zwiebelwürfel und die Gemüsestreifen anschwitzen, nach 4 Minuten mit Weißwein und Gemüsebrühe ablöschen und sanft köcheln lassen. Die Filetstücke in den Fond legen und ca. 2–4 Minuten ziehen lassen.

3. Das Fleisch und die Gemüsestreifen aus dem Fond nehmen und warm halten. Den Knoblauch in den Fond geben, kräftig aufkochen lassen und mit Salz, Pfeffer und Muskat abschmecken.

4. Die kalte Butter zur Sauce geben und mit dem Mixstab schaumig aufmixen. Das Fleisch mit den Gemüsestreifen auf vorgewärmten Tellern anrichten, mit Sauce beträufeln und mit frisch geschnittener Petersilie bestreut servieren.

WENN ETWAS ÜBRIG BLEIBT

Das Fleisch klein schneiden und mit den Gemüsestreifen und etwas Crème fraîche zu einem feinen Fleischsalat verarbeiten. Einige Orangenfilets und etwas Orangensaft geben einen frisch-fruchtigen Geschmack.

Schweinefilet provençale

▸ Fertig in 40 Minuten
▸ Gut vorzubereiten

ZUTATEN FÜR 4 PERSONEN

600 g	Schweinefilet
1	Knoblauchzehe
3	Paprikaschoten (rot, gelb, grün gemischt)
1	kleine Aubergine
60 g	gemischte Oliven
1 Bund	Basilikum
4 EL	Pinienkerne
4 EL	Kapern
	Salz, Pfeffer
80 ml	Weißwein
6 EL	Olivenöl

VORBEREITEN

1 Das Schweinefilet von Fett und Häutchen befreien. Das Fleisch waschen, gut trocken tupfen und in 2 cm dicke Scheiben schneiden.

2 Den Knoblauch schälen und fein würfeln. Die Paprikaschoten halbieren, Kerngehäuse entfernen, das Fruchtfleisch waschen und in Streifen schneiden. Die Aubergine halbieren und in Scheiben schneiden. Die Oliven abtropfen lassen, Basilikum waschen und trocken schütteln.

3 4 Bahnen Alufolie à 30 cm Länge vorbereiten. Den Backofen auf 220 °C (Heißluft) vorheizen.

ZUBEREITEN

1 Die Alufoliebahnen in der Mitte mit Salz und Pfeffer bestreuen und die Filetstücke darauflegen. Paprikastreifen, Auberginenscheiben und Oliven um das Fleisch verteilen und mit Knoblauch, Pinienkernen, Kapern und gezupftem Basilikum bestreuen. Mit Salz und Pfeffer würzen.

2 Die Alufolie an den Rändern leicht hochklappen, den Wein über das Fleisch und das Gemüse gießen und die Folie gut verschließen. Die Folienpäckchen im Backofen ca. 20 Minuten garen.

3 Die Päcken aus dem Ofen nehmen und auf 4 Teller legen. Die Folie öffnen und das Fleisch mit etwas Olivenöl beträufeln.

DAZU PASST
Pasta und verschiedene Blattsalate, bestreut mit Parmesan oder Pecorino, sind die ideale mediterrane Ergänzung.

WENN ETWAS ÜBRIG BLEIBT
Das Schweinefleisch in dünne Scheiben schneiden und zusammen mit dem Gemüse mit etwas Balsamico und Olivenöl marinieren. Sardellenfilets machen den Salat besonders würzig.

Steaks

Kalbsmedaillons

▸ *Fertig in 20 Minuten*

Grundrezept

ZUTATEN FÜR 4 PERSONEN

4	Kalbsmedaillons à 150 g
4	Schalotten
1	Knoblauchzehe
100 g	Karotten
100 g	Zucchini
	Salz, Pfeffer
2 EL	Butterschmalz
1 EL	Puderzucker
80 ml	Weißwein
150 ml	Gemüsebrühe oder Kalbsfond
2 EL	kalte Butter
	etwas frischer Thymian

VORBEREITEN

Das Fleisch waschen und trocken tupfen. Die Schalotten schälen und fein würfeln. Den Knoblauch schälen und halbieren. Die Karotten schälen und in kleine Stücke schneiden. Zucchini waschen und in Scheiben schneiden. Den Backofen auf 80 °C vorheizen.

ZUBEREITEN

1 Die Medaillons mit Salz und Pfeffer würzen. Eine große Pfanne erhitzen und die Filetscheiben in Butterschmalz auf jeder Seite bei starker Hitze 2 Minuten anbraten. Herausnehmen und im vorgeheizten Backofen warm stellen.

2 Die Zwiebelwürfel in der Pfanne anschwitzen. Karotten und Knoblauch dazugeben, mit Puderzucker bestreuen und hellbraun karamellisieren lassen. Mit Weißwein und Gemüsebrühe oder Kalbsfond ablöschen und köcheln lassen, bis die Karotten fast gar sind. Die Zucchinischeiben zugeben und das Gemüse fertig garen. Mit Salz und Pfeffer abschmecken.

3 Die Sauce mit der kalten Butter verfeinern, etwas Thymian dazugeben. Die Kalbsmedaillons nochmal kurz in die Pfanne legen, aber die Sauce nicht mehr kochen lassen.

4 Die Medaillons auf vorgewärmten Tellern mit dem Gemüse und der Sauce anrichten, mit etwas frischem Thymian garnieren.

WENN ETWAS ÜBRIG BLEIBT

Die Medaillons in dünne Scheiben schneiden. Etwas Thunfisch aus der Dose mit Crème fraîche, Zitronensaft, einigen Kapern, Salz und Pfeffer verrühren. Mit den Medaillonscheiben als schnelles Vitello tonnato servieren.

Medaillons im Speckmantel

▸ Fertig in 35 Minuten
▸ Gut vorzubereiten

ZUTATEN FÜR 4 PERSONEN

4	Kalbsmedaillons à 150 g
1	Knoblauchzehe
je 3 Zweige Salbei, Thymian, Rosmarin, glatte Petersilie	
	Salz, Pfeffer
8 Scheiben Frühstücksspeck	
2 EL	Butterschmalz
20 ml	Cognac
80 ml	Weißwein
100 ml	Kalbsfond
2 EL	kalte Butter

VORBEREITEN

Das Fleisch waschen und trocken tupfen. Den Knoblauch halbieren und schälen. Die Kräuter waschen und auf Küchenkrepp abtropfen lassen.

ZUBEREITEN

1 Das Fleisch mit Salz und Pfeffer würzen. Die Speckscheiben (je 2 Scheiben pro Medaillon) ausbreiten und mit den Kräutern (Salbei-, Thymian- und Petersilienblätter, Rosmarinnadeln) belegen. Die Medaillons auf die Speck-Kräuter-Scheiben legen, damit umwickeln und mit Bratenschnur binden.

2 Eine große Pfanne erhitzen, das Butterschmalz und den Knoblauch hineingeben. Die Kalbsmedaillons auf jeder Seite 2–4 Minuten anbraten. Dabei das Fleisch mehrmals mit dem Bratfett begießen.

3 Die Medaillons mit Cognac ablöschen, Weißwein und Kalbsfond zugießen und 3–5 Minuten bei schwacher Hitze gar ziehen lassen. Herausnehmen und warm stellen.

4 Die Sauce etwas einkochen lassen, die kalte Butter zugeben, mit Salz und Pfeffer abschmecken. Die Kalbsmedaillons auf vorgewärmten Tellern anrichten und mit der Sauce servieren.

DAZU PASST

Herzoginkartoffeln und Blattspinat sind die ideale Ergänzung für die Kräutermedaillons.

Schritt für Schritt: Medaillons im Speckmantel

1 Die Speckscheiben ausbreiten und mit Kräutern belegen.

2 Die Speckscheiben um die Medaillons wickeln und mit Bratenschnur binden.

3 Die fertigen Medaillons z. B. mit Gemüse und Reis servieren.

Koteletts

Kalbskotelett

▸ *Fertig in 25 Minuten,*
▸ *Ganz einfach*

ZUTATEN FÜR 4 PERSONEN

4	Kalbskoteletts à 180 g
	Salz, Pfeffer
1–2 EL	Butterschmalz
100 ml	Weißwein
20 g	kalte Butter
	etwas Petersilie

ZUBEREITEN

1 Die Koteletts waschen, trocken tupfen und mit Salz und Pfeffer würzen. Eine Pfanne erhitzen und die Koteletts in Butterschmalz bei starker Hitze gleichmäßig von jeder Seite 1–2 Minuten anbraten. Die Hitze reduzieren und die Koteletts ca. 4 Minuten auf jeder Seite fertig braten. Herausnehmen und warm stellen.

2 Den Bratensatz mit Weißwein ablöschen und bei starker Hitze etwas einkochen lassen. Die kalte Butter unterrühren, mit Salz und Pfeffer abschmecken.

3 Das Fleisch mit der Sauce auf vorgewärmten Tellern anrichten, die fein geschnittene Petersilie über das Gericht streuen und servieren.

DAZU PASST
Petersilienkartoffeln und ein gemischter Blattsalat sind eine leckere Beilage zum Kotelett.

WENN ETWAS ÜBRIG BLEIBT
Das Kalbfleisch in dünne Streifen schneiden, noch einmal scharf anbraten und mit Gyrosgewürz kräftig abschmecken. Die Fleischstreifen in ein Fladenbrot füllen und Tsatsiki dazu reichen.

Grundrezept

Kalbskotelett mit Käse überbacken

▶ Fertig in 20 Minuten
▶ Raffiniert

ZUTATEN FÜR 4 PERSONEN

4	Kalbskoteletts à 180 g
30 g	Parmesan
30 g	Emmentaler
30 g	Gorgonzola
30 g	Mozzarella
	Salz, Pfeffer
1 EL	Butterschmalz
	einige Thymian- oder Rosmarinzweige

VORBEREITEN

Die Koteletts waschen und trocken tupfen. Parmesan und Emmentaler reiben, Gorgonzola und Mozzarella in Streifen schneiden. Den Backofen auf 240 °C (Oberhitze) oder Grillstufe vorheizen.

ZUBEREITEN

1 Die vorbereiteten Koteletts auf beiden Seiten mit Salz und Pfeffer würzen. Eine Pfanne erhitzen und die Koteletts in Butterschmalz bei starker Hitze gleichmäßig von beiden Seiten 1–2 Minuten anbraten.

2 Die Koteletts auf ein mit Backpapier ausgelegtes Backblech geben und mit den 4 verschiedenen Käsesorten bestreuen. Etwas Thymian oder Rosmarin darübergeben.

3 Die Kalbskoteletts im Backofen unter dem Grill 4–6 Minuten hellbraun überbacken. Auf vorgewärmten Tellern anrichten.

DAZU PASST

Frisches Baguette, Knoblauchbrot oder Ofenkartoffeln und Salat schmecken gut dazu.

WENN ETWAS ÜBRIG BLEIBT

Das Kalbskotelett noch einmal vorsichtig unter dem Grill erwärmen, in dünne Streifen schneiden und auf einem Blattsalat mit roten Zwiebelringen und einem Rotweindressing anrichten.

Schritt für Schritt: Koteletts überbacken

1 Die Koteletts waschen, die verschiedenen Käsesorten reiben oder in Streifen schneiden.

2 Die angebratenen Koteletts mit dem Käse bestreuen, etwas Thymian und Rosmarin darübergeben.

3 Die Koteletts 4–6 Minuten unter dem Grill hellbraun überbacken.

Koteletts

Kalbskotelett mit Tomaten

- *Fertig in 25 Minuten*
- *Ganz einfach*
- *Raffiniert*

ZUTATEN FÜR 4 PERSONEN

4	Kalbskoteletts à 180 g
2–3	Sardellen
2 EL	Butter
2 EL	Pinienkerne
150 g	Cocktailtomaten
	Pfeffer
120 g	Mozzarella-Bällchen
	etwas Oregano
4 EL	kaltgepresstes Olivenöl

VORBEREITEN

Koteletts waschen und trocken tupfen. Die Sardellen klein schneiden und in der Pfanne in aufgeschäumter Butter auflösen. Pinienkerne kurz anrösten und die Cocktailtomaten waschen und halbieren.

ZUBEREITEN

1 Die Koteletts mit Pfeffer würzen und in der vorbereiteten Sardellenbutter bei mittlerer Hitze gleichmäßig von jeder Seite 1–2 Minuten anbraten.

2 Die halbierten Cocktailtomaten kurz in der Pfanne erwärmen. Die Tomaten mit den Mozzarella-Bällchen auf die Koteletts legen, mit Oregano bestreuen und 5 Minuten bei schwacher Hitze zugedeckt ziehen lassen, bis der Käse zerlaufen ist.

3 Die Koteletts mit Tomaten und Mozzarella auf vorgewärmten Tellern anrichten, geröstete Pinienkerne darüberstreuen und mit Olivenöl beträufeln.

DAZU PASST

Pizzabrot oder Gnocchi und grüner Salat sind die idealen Beilagen zu dieser italienischen Kotelett-Variante.

WENN ETWAS ÜBRIG BLEIBT

Das Kotelettfleisch vom Knochen lösen und in Streifen schneiden. Mit der Tomaten-Mozzarella-Sauce erhitzen und zu Spaghetti servieren.

 Was Mary Hahn schon wusste

Wenn es außerhalb der Saison keine vollreifen und schmackhaften Tomaten gibt, dann kann man für dieses Gericht auch Tomaten aus der Dose verwenden. Tomaten sollte man immer mit einer Prise Zucker abschmecken.

Kotelett mit Oliven

▶ Fertig in 35 Minuten
▶ Pikant

ZUTATEN FÜR 4 PERSONEN

4	Schweinekoteletts à 180 g
2	Zwiebeln
2 EL	Olivenöl
1	Chilischote
80 g	grüne und schwarze Oliven ohne Stein
80 g	getrocknete, in Öl eingelegte Tomaten
80 g	Feta-Käse
	grobes Meersalz
4 EL	Semmelbrösel
	etwas Zitronenthymian

VORBEREITEN

Die Schweinekoteletts waschen und trocken tupfen. Die Zwiebeln schälen, fein würfeln und in das Olivenöl einlegen. Die Chilischote fein hacken, die Oliven halbieren, die getrocknete Tomaten und den Feta-Käse in kleine Würfel schneiden. Den Backofen auf Grillstufe vorheizen.

ZUBEREITEN

1 Die vorbereiteten Koteletts mit der gehackten Chilischote und Salz einreiben. Die Koteletts in Olivenöl (ohne Zwiebelwürfel) auf beiden Seiten 1–2 Minuten anbraten.

2 Die Zwiebelwürfel mit dem restlichen Olivenöl anbraten, halbierte Oliven und getrocknete Tomaten dazugeben und alles kurz erhitzen.

3 Die Koteletts auf ein Backblech legen, das Gemüse darauf verteilen, mit den Käsewürfeln belegen und die Semmelbrösel darüberstreuen. Unter dem Grill 4–6 Minuten hellbraun überbacken.

DAZU PASST

Fladenbrot und Tomaten- und Gurkenscheiben oder ein gemischter Salat schmecken sehr gut zu diesem griechischen Kotelett.

Braten

Ein großer Braten braucht zwar etwas Zeit, aber das Ergebnis lohnt die Mühe: ein saftiges Stück Fleisch mit knuspriger Kruste und köstlicher Sauce.

- ▶ Für Braten, die im Backofen zubereitet werden, nur zartes, sehnenfreies Fleisch verwenden, das mindestens 1 kg wiegt.
- ▶ Ein großer Bräter ist eine lohnende Anschaffung, hier hat nicht nur das Fleisch, sondern auch die Beilagen und Würzzutaten genügend Platz.
- ▶ Vor dem Aufschneiden den Braten 10–15 Minuten ruhen lassen, damit sich der Saft im Fleisch gleichmäßig verteilen kann.

Braten

Schweinebraten

VORBEREITEN

- Fertig in ca. 2 Stunden
- Klassischer Sonntagsbraten

ZUTATEN FÜR 4 PERSONEN

1 kg	Schweinerücken mit Schwarte
6	Knoblauchzehen
1 Bund	Suppengrün
5	Kartoffeln
	Salz, Pfeffer, Paprika, Kümmel
300 ml	Gemüsebrühe
200 ml	Bier

Grundrezept

1 Das Fleisch waschen, trocken tupfen und die Schwarte mit einem sehr scharfen Messer rautenförmig einschneiden.

2 Den Knoblauch schälen und bereitstellen. Das Suppengrün putzen und klein schneiden. Kartoffeln waschen, schälen und in Stücke scheiden. Den Backofen auf 220 °C (Heißluft) vorheizen.

ZUBEREITEN

1 Gemüse, Kartoffeln und Knoblauch auf ein tiefes Backblech legen. Das Fleisch mit Salz, Pfeffer, Paprika und Kümmel einreiben und auf einen Grillrost legen. Auf der mittleren Schiene in den vorgeheizten Backofen schieben, das Backblech mit dem Gemüse eine Stufe tiefer.

2 Den Schweinebraten 30 Minuten garen. Dann die Brühe über das Gemüse gießen und die Ofentemperatur auf 170 °C reduzieren.

3 Den Schweinebraten nach weiteren 15 Minuten mit Bier übergießen. Danach alle 10 Minuten das Fleisch mit dem Bratensaft, der sich im Backblech sammelt, übergießen.

4 Nach ca. 1–1,5 Stunden, wenn beim Anstechen des Bratenstückes klarer Saft aus der Anstichstelle tropft, ist der Braten fertig. Ca. 15 Minuten vor Ende der Garzeit den Backofen auf 230 °C (Oberhitze) oder auf Grillstufe stellen, damit die Schwarte noch schön knusprig wird.

5 Das Fleisch aus dem Ofen nehmen, kurz ruhen lassen und in Scheiben schneiden. Mit dem Gemüse auf vorgewärmten Tellern anrichten.

DAZU PASST
Ganz klassisch wird der Schweinebraten mit Kartoffel- oder Semmelknödeln und Sauerkraut serviert.

WENN ETWAS ÜBRIG BLEIBT
Kalter Schweinebraten schmeckt in Scheiben geschnitten mit Senf oder auch mariniert mit Essig, Öl und Zwiebelringen.

Was Mary Hahn schon wusste

Den Schweinebraten anfangs bei hoher Temperatur im Backofen garen, damit sich die Fleischporen rasch schließen und das Fleisch saftig bleibt. Dann bei mittlerer Temperatur fertig garen.

Schweinebraten mit Kirschen

▶ *Fertig in 2 Stunden*

ZUTATEN FÜR 4 PERSONEN

1 kg	Schweineschulter
250 g	Kirschen (frisch oder aus dem Glas)
	Salz, Pfeffer
2 EL	Butterschmalz
2 EL	brauner Zucker
80 ml	Kirschgeist
250 ml	Fleischbrühe
125 ml	Rotwein
1/2 TL	Zimt
4 EL	saure Sahne
1 EL	Mehl
2 EL	kalte Butter

ZUBEREITEN

1 Das Fleisch waschen und trocken tupfen. Die Kirschen waschen und entkernen. Den Backofen auf 200 °C (Heißluft) vorheizen.

2 Fleisch mit Salz und Pfeffer würzen. Butterschmalz in einem Bräter erhitzen und Fleisch auf beiden Seiten 3 Minuten anbraten. Herausnehmen, den Zucker in den Bräter geben und karamellisieren lassen.

3 Das Fleisch zurück in den Bräter geben und mit Kirschgeist, Fleischbrühe und Rotwein ablöschen. Die Sauce mit Zimt würzen und den Schweinebraten 70–90 Minuten im Backofen garen. Ca. 10 Minuten vor Ende der Garzeit die Kirschen dazugeben.

4 Das Fleisch aus dem Bräter nehmen und warm stellen. Die Sauce auf dem Herd kurz aufkochen lassen. Die saure Sahne mit Mehl verrühren und die Sauce damit binden, mit der Butter verfeinern. Den Schweinebraten in Scheiben schneiden und mit der Sauce anrichten.

Braten

Kalbsbraten mit Gemüse

- *Fertig in 2 Stunden*
- *Sehr aromatisch*
- *Ideal für Gäste*

Grundrezept

ZUTATEN FÜR 4 PERSONEN

1 kg	Kalbsbraten (Unterschale, Schulter oder Kotelettstück)
6	Knoblauchzehen
1 Bund	Suppengrün
8	Kartoffeln
	Salz, Pfeffer, Paprika, Kümmel
200 ml	Gemüsebrühe
100 ml	Weißwein
1	Lorbeerblatt
	einige Zweige Rosmarin und Thymian
1 EL	Butter

VORBEREITEN

Das Fleisch waschen und trocken tupfen. Die Knoblauchzehen schälen. Das Suppengemüse putzen und klein schneiden. Die Kartoffeln waschen, schälen und in Stücke schneiden. Den Backofen auf 220 °C (Heißluft) vorheizen.

ZUBEREITEN

1 Das Fleisch mit Salz, Pfeffer, Paprika und Kümmel einreiben. Gemüse, Kartoffeln und Knoblauchzehen in einen Bräter geben und das Fleisch darauflegen.

2 Den Bräter in den Backofen schieben und das Fleisch 30 Minuten braten. Dann den Weißwein und die Gemüsebrühe angießen und die Ofentemperatur auf 170 °C reduzieren.

3 Nach weiteren 15 Minuten Lorbeerblatt und Kräuter dazugeben. Das Fleisch mit dem Bratensaft begießen und dies nun alle 10 Minuten wiederholen. Der Braten ist nach insgesamt 1–1,5 Stunden Garzeit fertig.

4 Das Fleisch aus dem Ofen nehmen, unter Alufolie kurz ruhen lassen. Den Bratensaft durch ein Sieb in einen Topf gießen, kurz aufkochen lassen, mit Butter verfeinern und mit Salz und Pfeffer abschmecken.

5 Das Fleisch in Scheiben schneiden – den austretenden Fleischsaft zur Sauce geben – und mit dem Gemüse auf vorgewärmten Tellern anrichten. Die Sauce darübergeben.

SO SCHMECKT'S AUCH

Besonders schonend gart der Kalbsbraten in der Alufolie: Gemüse, Kartoffeln und Knoblauch in einem Topf in Weißwein und Gemüsebrühe aufkochen. Ein großes Stück Alufolie auf ein Backblech legen und mit Salz, Pfeffer, Paprika und Kümmel bestreuen. Den Kalbsbraten darauflegen und ebenfalls würzen. Die Folie an den Rändern hochklappen. Das Gemüse mit dem Fond zum Fleisch in die Alufolie geben, die Kräuter dazulegen und die Folie verschließen. Den Kalbsbraten im Ofen 60–70 Minuten garen.

DAZU PASST
Das Gemüse und die Kartoffeln sind schon eine perfekte Beilage zum Kalbsbraten. Will man Knödel, Kroketten oder Nudeln dazu reichen, die Kartoffeln im Rezept weglassen und die Sauce am Ende mit etwas Mehlbutter (dafür die gleiche Menge Butter und Mehl miteinander verkneten) binden.

WENN ETWAS ÜBRIG BLEIBT
Für einen leckeren Vitello-tonnato-Burger den Kalbsbraten dünn aufschneiden und auf ein halbiertes Ciabattabrötchen legen. Mit einer Sauce aus Crème fraîche, etwas Zitronensaft und zerdrücktem Thunfisch bestreichen und die zweite Brothälfte darüberklappen.

Kalbsrahmbraten mit Pilzen

Den Kalbsbraten vorbereiten und im vorgeheizten Backofen ca. 1,5 Stunden garen (siehe Rezept Seite 78). Das fertig gegarte Fleisch aus dem Bräter nehmen und in Alufolie wickeln. Im ausgeschalteten, noch warmen Ofen ca. 10 Minuten ruhen lassen. Die Sauce durch ein Sieb in einen Topf gießen und noch einmal aufkochen lassen.
200 g Pilze (Pfifferlinge, Steinpilze oder Champignons) säubern, in Scheiben schneiden und in einer Pfanne in *1 EL Butter* anschwitzen. Mit der Bratensauce ablöschen, mit *200 g Crème fraîche oder Sahne* verfeinern und kurz aufkochen lassen. Mit *Salz und Pfeffer* abschmecken.
Das Fleisch in Scheiben schneiden, den austretenden Fleischsaft zur Sauce geben. Die Kalbfleischscheiben mit dem Gemüse anrichten und die Pilzrahmsauce dazu servieren.

Braten

Schweinerollbraten

▸ Fertig in ca. 2 Stunden
▸ Gut vorzubereiten

ZUTATEN FÜR 4 PERSONEN

1 kg	Schweinbauch (für Rollbraten vorbereitet)
50 g	Speckwürfel
200 g	grobe Leberwurst
250 g	Wirsing
2	Knoblauchzehen
8	Kartoffeln
2 EL	Butter
1 EL	Majoran
	Salz, Pfeffer, Kümmel
3 EL	Butterschmalz
200 ml	Weißwein
350 ml	Fleischbrühe
1	Lorbeerblatt
	etwas Petersilie
	Bratenschnur

VORBEREITEN

1. Das Fleisch waschen und trocken tupfen. Die Speckwürfel in einer Pfanne knusprig braten und bereitstellen. Die Leberwurst aus dem Darm pellen und fein schneiden.

2. Die Wirsingblätter vom Kopf lösen und die groben Rippen ausschneiden. Die Blätter waschen und in feine Streifen schneiden. Den Knoblauch schälen und fein würfeln. Die Kartoffeln waschen, schälen, vierteln und in eine Schüssel mit kaltem Wasser legen.

ZUBEREITEN

1. Den Wirsing in einem Topf mit etwas Butter und Wasser bissfest dünsten. Abkühlen lassen, mit Leberwurst, Speck und Knoblauchwürfeln zu einer cremigen Füllmasse verarbeiten und mit Majoran, Salz und Pfeffer abschmecken. Den Backofen auf 200 °C (Heißluft) vorheizen.

2. Den Schweinebauch mit Salz, Pfeffer und Kümmel würzen. Die vorbereitete Füllmasse aufstreichen, das Fleisch einrollen und mit Bratenschnur binden.

3. Den Rollbraten in einem Bräter in Butterschmalz anbraten, die Kartoffeln dazugeben und mit Weißwein und Fleischbrühe aufgießen. Das Lorbeerblatt zugeben und den Bräter in den vorgeheizten Backofen stellen. Die Temperatur nach 20 Minuten auf 160 °C reduzieren.

4. Nach 1–1,5 Stunden den Bräter aus dem Backofen nehmen, das Fleisch herausheben und im ausgeschalteten Ofen, mit Alufolie abgedeckt, warm stellen. Den Bratensaft mit den Kartoffeln auf dem Herd nochmals aufkochen, abschmecken, mit der restlichen Butter und fein geschnittener Petersilie verfeinern.

5. Die Bratenschnur entfernen und das Fleisch mit einem scharfen Messer in Scheiben schneiden. Auf vorgewärmten Tellern anrichten und mit Sauce und Kartoffeln servieren.

Gefüllte Kalbsbrust

▶ *Fertig in 2 Stunden*

ZUTATEN FÜR 4 PERSONEN

1 kg	Kalbsbrust
200 g	Brötchen vom Vortag
70 ml	Milch
	Muskat, Salz, Pfeffer
2	Eier
1/2 Bund Petersilie	
3	Knoblauchzehen
1 Bund Suppengrün	
8	kleine Kartoffeln
300 g	Karotten
300 g	Zucchini
	Paprika, Kümmel
100 ml	Weißwein
200 ml	Gemüsebrühe oder Kalbsfond
1	Lorbeerblatt
1 EL	Butter

VORBEREITEN

1 Vom Metzger eine Tasche für die Füllung in die Kalbsbrust schneiden lassen. Das Fleisch waschen und trocken tupfen.

2 Die Brötchen würfeln, mit heißer Milch übergießen, kräftig mit Muskat, Salz und Pfeffer abschmecken und abkühlen lassen. 2 Eier untermischen. Die Petersilie schneiden, ein wenig für die Garnitur zurückbehalten, den Rest zur Brötchenmasse geben.

3 Den Knoblauch schälen. Das Suppengrün putzen und klein schneiden. Die Kartoffeln waschen, schälen und vierteln. Die Karotten schälen und in kleine Stücke schneiden, die Zucchini waschen, der Länge nach halbieren und ebenfalls in Stücke schneiden. Den Backofen auf 220 °C (Heißluft) vorheizen.

ZUBEREITEN

1 Die Kalbsbrust mit der vorbereiteten Brötchenmasse füllen und mit Zahnstochern verschließen. Das Fleisch mit Salz, Pfeffer, etwas Paprika und Kümmel würzen.

2 Die Kalbsbrust auf einen Grillrost legen und auf der mittleren Schiene in den vorgeheizten Backofen schieben. Gemüse, Kartoffeln und Knoblauch auf ein tiefes Backblech geben und unter den Rost ebenfalls in den Ofen schieben. Das Fleisch 30 Minuten braten, dann Weißwein und Brühe zum Gemüse gießen, das Lorbeerblatt und die Karotten dazulegen. Die Ofentemperatur auf 170 °C reduzieren.

3 Die Kalbsbrust nach weiteren 15 Minuten mit dem Bratensaft begießen und dies mehrmals wiederholen, bis der Braten nach insgesamt 1–1,5 Stunden gar ist. Kurz vor Ende der Garzeit dann die vorbereiteten Zucchini in den Bräter legen und in wenigen Minuten bissfest garen.

4 Das Fleisch im ausgeschalteten Ofen warm halten. Den Bratensaft in einen Topf gießen, auf dem Herd kurz aufkochen und mit Butter verfeinern. Die Sauce mit Salz, Pfeffer und der restlichen Petersilie abschmecken. Mit dem in Scheiben geschnittenen Fleisch und dem Gemüse servieren.

Braten

Kalbshaxe

▸ Fertig in 1 Stunde 40 Minuten
▸ Ideal für Gäste

ZUTATEN FÜR 4 PERSONEN

1,5 kg	Kalbshaxe
6	Knoblauchzehen
1 Bund	Suppengrün
10	kleine Kartoffeln
	Salz, Pfeffer, Paprika
2 EL	Tomatenmark
4 EL	Balsamico
200 ml	Rotwein
200 ml	Rinderbrühe oder Kalbsfond
1	Lorbeerblatt
	einige Zweige Rosmarin und Thymian
1	Kartoffel
2 EL	Butter

VORBEREITEN

Die Haxe waschen und trocken tupfen. Die Knoblauchzehen schälen. Das Suppengrün putzen und klein schneiden. Die Kartoffeln waschen, schälen und in Stücke schneiden. Den Backofen auf 220 °C (Heißluft) vorheizen.

ZUBEREITEN

1 Die Haxe mit Salz, Pfeffer und etwas Paprika einreiben. Suppengemüse, Kartoffeln und Knoblauch in einen Bräter geben und die Haxe darauflegen.

2 Den Bräter in den heißen Backofen schieben. Nach 30 Minuten das Tomatenmark zum Gemüse geben und 10 Minuten rösten lassen. Balsamico, Rotwein und Rinderbrühe oder Kalbsfond angießen. Lorbeerblatt und Kräuter dazugeben. Die Temperatur auf 170 °C reduzieren.

3 Die Kalbshaxe bis zum Ende der Garzeit dann alle 10–15 Minuten mit dem Bratensaft begießen. Nach 1–1,5 Stunden, wenn beim Anstechen farbloser Fleischsaft austritt, ist die Haxe gar.

4 Das Fleisch aus dem Ofen nehmen und kurz ruhen lassen. Den Bratensaft durch ein Sieb in einen Topf gießen, kurz aufkochen und mit der geriebenen Kartoffel binden. Die Sauce mit Butter verfeinern und mit Salz und Pfeffer abschmecken.

5 Das Fleisch aufschneiden, mit dem Gemüse auf Tellern anrichten und mit dem Bratensaft servieren.

Was Mary Hahn schon wusste

Das Geheimnis einer zarten, saftigen Kalbshaxe liegt im häufigen Übergießen des Fleisches mit dem Bratensaft. So entsteht auch eine sehr aromatische Sauce.

Gegrillte Schweinshaxe

- *Fertig in 2 Stunden*
- *Ganz einfach*
- *Ideal für Gäste*

ZUTATEN FÜR 4 PERSONEN

1–1,5 kg	hintere Schweinshaxe
3	Knoblauchzehen
200 ml	Bier
je 1 TL	Salz, Pfeffer, Paprika, Kümmel
400 g	Karotten
400 g	Kartoffeln
1 EL	Butter

VORBEREITEN

1. Die Schwarte der Schweinshaxe vom Metzger gitterartig einschneiden lassen. Das Fleisch waschen und trocken tupfen. Den Knoblauch schälen und mit dem Mixstab in einem hohen Becher mit dem Bier pürieren.

2. Den Backofen bei 220 °C (Heißluft) vorheizen. Salz, Pfeffer, Paprika und Kümmel in einer Schale vermischen. Die Karotten und Kartoffeln schälen und in Stücke schneiden, junge Kartoffeln mit Schale halbieren.

ZUBEREITEN

1. Die Schweinshaxe mit der Gewürzmischung einreiben, den Rest zum Knoblauch-Bier geben.

2. Die Haxe auf einem Grillrost in den Backofen schieben, ein Backblech mit wenig Wasser und dem Gemüse darunter einschieben.

3. Die Haxe ca. 1,5 Stunden grillen und dabei alle 10–15 Minuten mit der Biermarinade bepinseln. Nach 1 Stunde die Marinade zur Sauce ins Backblech geben. 10 Minuten vor Ende der Garzeit den Backofen auf Grillstufe stellen, damit die Schwarte schön knusprig wird.

4. Die Schweinshaxe aufschneiden und mit dem Gemüse auf vorgewärmten Tellern anrichten. Den Bratensaft in einen kleinen Topf gießen und aufkochen. Mit Butter verfeinern und mit Salz und Pfeffer abschmecken. Mit der Haxe servieren.

DAZU PASST

Kartoffel- oder Semmelknödel, Sauerkraut oder ein Kartoffelsalat sind die traditionellen Beilagen zu einer Schweinshaxe.

Braten

Roastbeef

- Fertig in 1 Stunde
- Klassiker
- Ideal für Gäste

Grundrezept

ZUTATEN FÜR 4 PERSONEN

800 g	Roastbeef
1	Knoblauchzehe
1 EL	mittelscharfer Senf
1 TL	Rosmarin
1 TL	Salz
1 TL	Pfeffer
1 TL	Honig
100 ml	Pflanzenöl

VORBEREITEN

Das Rostbeef vom Metzger vorbereiten und die Fettschicht gitterartig einschneiden lassen. Das Fleisch waschen und trocken tupfen. Die Knoblauchzehe schälen und fein würfeln.

ZUBEREITEN

1. Knoblauch, Senf, Rosmarin, Salz, Pfeffer und Honig mit dem Pflanzenöl verrühren. Das Roastbeef mit der Mischung einreiben und etwas ruhen lassen.

2. Den Backofen auf 220 °C (Heißluft) vorheizen und auf der mittleren Schiene ein Grillgitter, darunter ein mit Alufolie belegtes Backblech einschieben.

3. Das marinierte Roastbeef in den heißen Backofen auf das Grillgitter legen. 15 Minuten bei 220 °C garen, danach die Temperatur auf 150 °C reduzieren und das Fleisch weitere 25–35 Minuten garen.

4. Den Backofen ausschalten und das Fleisch noch ca. 10 Minuten im Ofen ruhen lassen. Dann in Scheiben schneiden und servieren.

DAZU PASST
Verschiedene Blattsalate, Bohnensalat, Tomatensalat, Antipasti-Gemüse, Brat- und Ofenkartoffeln oder Pommes frites sind ideale Beilagen.

WENN ETWAS ÜBRIG BLEIBT
Das Roastbeef erkalten lassen und mit einem scharfen Messer in dünne Scheiben schneiden. Mit Baguette oder Ciabatta und verschiedenen Dips anrichten.

SO SCHMECKT'S AUCH
Besonders zart und rosa wird das Roastbeef, wenn man es bei Niedrigtemperatur gart. Das Fleisch vorher 1–2 Tage im Kühlschrank (ohne Salz) marinieren. Vor der Zubereitung mit Küchenpapier abtupfen und in einem Bräter in Butterschmalz rundum anbraten. Den Backofen auf 80 °C vorheizen und das Roastbeef auf der 2. Schiene von unten ca. 2,5–3 Stunden braten.

Was Mary Hahn schon wusste

Will man das Fleisch länger marinieren, lässt man das Salz in der Würzmischung weg. So kann es auch über Nacht im Kühlschrank bleiben. 1–2 Stunden vor dem Braten herausnehmen und bei Zimmertemperatur stehen lassen, damit das Fleisch keinen Temperaturschock bekommt und beim Garen zart und weich wird.

Meerrettich-Dip

200 g Crème fraîche mit dem *Saft von 1 Zitrone* glatt rühren und mit *Salz, Pfeffer* und *Cayennepfeffer* abschmecken. *70 g frisch geriebenen Meerrettich* oder Meerrettich aus dem Glas und *1 geschälten und fein geriebenen Apfel* unterrühren.

Senf-Dip

2 EL Senf (mittelscharfer Senf oder Dijonsenf) und *1 TL Honig* mit *200 g Crème fraîche* mischen. Mit dem *Saft von 1 Zitrone, Salz, Pfeffer* und *Cayennepfeffer* abschmecken.

▶ Die Dips schmecken nicht nur zu Roastbeef, sondern auch zu kaltem Schweine- und Kalbsbraten.

Asiatisches Pesto

ZUTATEN FÜR 4 PERSONEN

1 Bund	Koriander
1	fein gewürfelte Knoblauchzehe
1	fein geschnittene Chilischote
	Saft von 1/2 Limette
2 EL	Sojasauce
150 ml	Erdnussöl
1 EL	geröstete Sesamsamen

Italienisches Pesto

ZUTATEN FÜR 4 PERSONEN

1 Bund	Basilikum
1	fein gewürfelte Knoblauchzehe
50 g	geriebener Parmesan
100 ml	Olivenöl
2 EL	geröstete Pinienkerne
	Salz, Pfeffer

Die Pesto-Zutaten jeweils in einen hohen Becher geben und mit dem Stabmixer zu einer homogenen Paste verarbeiten.

Rheinischer Sauerbraten

- *Fertig in knapp 2 Stunden*
- *Marinierzeit: 2–4 Tage*
- *Ideal für Gäste*

ZUTATEN FÜR 4 PERSONEN

1 kg	Rindfleisch (Unterschale)
1 Bund	Suppengrün
1	Knoblauchzehe
1	Lorbeerblatt
1 TL	Nelken
1 TL	Wacholderbeeren
500 ml	trockener Rotwein
150 ml	Rotweinessig
	Salz, Pfeffer
2 EL	Butterschmalz
2 EL	Rosinen
100 g	saure Sahne oder Crème fraîche

VORBEREITEN

1 Das Fleisch waschen und trocken tupfen. Das Suppengrün putzen und klein schneiden. Den Knoblauch schälen.

2 Gemüse, Knoblauch und Gewürze in einem großen Topf mit Rotwein, 500 ml Wasser und Rotweinessig aufkochen. Die Marinade mit Salz und Pfeffer abschmecken und abkühlen lassen.

3 Das vorbereitete Fleisch in den Sud legen und 2–4 Tage im Kühlschrank marinieren. Das Fleisch immer wieder in der Marinade wenden.

ZUBEREITEN

1 Das Fleisch aus der Marinade nehmen und trocken tupfen. Den Backofen auf 180 °C (Ober- und Unterhitze) vorheizen. Das Fleisch in einem großen Bräter in heißem Butterschmalz kräftig anbraten, dann die Marinade mit dem Gemüse dazugeben und aufkochen lassen.

2 Den Sauerbraten in den Backofen schieben und 1 Stunde zugedeckt schmoren lassen. Dann ohne Deckel noch ca. 1 Stunde weitergaren.

3 Das Fleisch herausnehmen und im ausgeschalteten Ofen in Folie warm stellen. Die Sauce durch ein Sieb in einen Topf gießen und bis zur gewünschten Konsistenz einkochen lassen. Mit saurer Sahne oder Crème fraîche und Rosinen abschmecken.

4 Das Fleisch in Scheiben schneiden und mit der Sauce auf vorgewärmten Tellern anrichten.

DAZU PASST

Als Beilage zum Sauerbraten schmecken Kartoffelpüree und Rotkraut oder geschmortes Suppengemüse.

Boeuf à la mode

▸ Fertig in ca. 2 Stunden
▸ Marinierzeit: 2–4 Tage

ZUTATEN FÜR 4 PERSONEN

1 kg	Rindfleisch (Schulterblatt)
1 Bund	Suppengrün
1	Knoblauchzehe
1,5 l	trockener Rotwein
30 ml	Cognac
1	Lorbeerblatt
1 TL	Nelken
1 TL	Wacholderbeeren
	Salz, Pfeffer
2 EL	Butterschmalz
3 EL	Tomatenmark

VORBEREITEN

1 Das Fleisch waschen und trocken tupfen. Das Suppengrün putzen und klein schneiden. Die Knoblauchzehe schälen.

2 Rotwein, Cognac und Suppengemüse aufkochen, Knoblauch, Lorbeerblatt, Nelken, Wacholderbeeren, etwas Salz und Pfeffer dazugeben und die Marinade abkühlen lassen.

3 Das Fleisch in die Marinade legen und 2–4 Tage im Kühlschrank marinieren. Zwischendurch immer wieder in der Marinade wenden.

ZUBEREITEN

1 Das Fleisch aus der Marinade nehmen und trocken tupfen. Das Gemüse in einem Sieb abtropfen lassen, die Marinade auffangen. Den Backofen auf 180 °C (Ober- und Unterhitze) vorheizen.

2 Das Fleisch in einem großen Bräter in Butterschmalz kräftig anbraten, das abgetropfte Gemüse dazugeben und bei starker Hitze bräunen. Das Tomatenmark ebenfalls kurz mitrösten, dann die Marinade angießen und aufkochen lassen.

3 Den Bräter in den Backofen schieben und das Fleisch zugedeckt 1,5–2 Stunden schmoren. Herausnehmen und im ausgeschalteten Ofen in Alufolie warm stellen. Die Sauce durch ein Sieb in einen Topf gießen und etwas einkochen lassen.

4 Das Fleisch in Scheiben schneiden und auf vorgewärmten Tellern mit der Sauce anrichten.

DAZU PASST

Zu Boeuf à la mode kann man Bandnudeln, Kartoffel- oder Semmelknödel und Rosenkohl oder Rahmwirsing reichen. Auch Polenta und glasierte Karotten schmecken sehr gut dazu.

Braten

Schweinefilet im Strudelblatt

▸ *Fertig in 60 Minuten*

ZUTATEN FÜR 4 PERSONEN

800 g	Schweinefilet
80 g	Butter
	Salz, Pfeffer
1 EL	Butterschmalz
250 g	Frühstücksspeck in Scheiben
1 Paket	Strudelteig oder Filoteig

VORBEREITEN

Das Fleisch waschen und trocken tupfen. Die Butter in einem kleinen Topf zergehen lassen. Den Backofen auf 200 °C (Heißluft) vorheizen.

ZUBEREITEN

1. Das Schweinefilet mit Salz und Pfeffer würzen und in einer Pfanne in Butterschmalz kurz von allen Seiten anbraten. Etwas abkühlen lassen, das lauwarme Fleisch mit Speckscheiben umwickeln und kalt stellen.

2. Ein Strudelteigblatt auf einem sauberen Küchenhandtuch auslegen und mit Butter bestreichen. Ein zweites Teigblatt darauflegen, wieder mit Butter bestreichen, mit den restlichen Teigblättern ebenso verfahren.

3. Das Schweinefilet auf den Teig legen (an beiden Seiten mindestens 5 cm frei lassen) und aufrollen. Die Enden nach unten einschlagen und das Schweinefilet auf ein mit Backpapier ausgelegtes Blech legen. Den Teig mit Butter bestreichen und das Filet im Backofen 35–40 Minuten backen.

4. Das fertige Schweinefilet mit einem scharfen Messer in Scheiben schneiden und auf vorgewärmten Tellern anrichten.

Filet Wellington

- Fertig in 60 Minuten
- Klassiker
- Ideal für Gäste

ZUTATEN FÜR 4 PERSONEN

600 g	Rinderfilet
300 g	Champignons
2	Zwiebeln
1 Bund	Petersilie
	Salz, Pfeffer
1 EL	Butterschmalz
1	unbehandelte Zitrone
80 g	Butter
300 g	Blätterteig (Kühlregal)
1	Ei

VORBEREITEN

1 Das Fleisch waschen und trocken tupfen. Champignons putzen und klein hacken. Die Zwiebeln schälen und würfeln. Petersilie waschen und fein schneiden.

2 Das Rinderfilet mit Salz und Pfeffer würzen, in einer Pfanne in Butterschmalz kurz von allen Seiten anbraten und erkalten lassen.

ZUBEREITEN

1 Zwiebelwürfel und Champignons in der Pfanne anschwitzen. Mit Salz, Pfeffer, Petersilie und etwas abgeriebener Zitronenschale abschmecken und kalt stellen. Die kalte Zwiebel-Champignon-Mischung mit der Butter aufmixen und zum Füllen bereitstellen. Den Backofen auf 220 °C (Heißluft) vorheizen.

2 Den Blätterteig auslegen und vom Rand einige Teigstreifen für die Dekoration abschneiden. Die Hälfte der Füllung, etwa in der Größe des Filets, auf den Blätterteig streichen. Das Fleisch darauflegen und mit der restlichen Füllung bedecken. Die Teigränder mit Eiweiß bestreichen, den Teig um das Filet schlagen und mit der Nahtstelle nach unten auf ein mit Backpapier ausgelegtes Blech legen. Mit den Teigstreifen verzieren, mit Eigelb bestreichen, die Oberfläche mehrmals mit einer Gabel einstechen.

3 Das Filet in den vorgeheizten Backofen schieben, nach 15 Minuten die Temperatur auf 200 °C reduzieren, weitere 15–20 Minuten backen.

4 Das Filet Wellington 15 Minuten im ausgeschalteten Backofen ruhen lassen, dann in etwa 2 cm dicke Scheiben schneiden und auf vorgewärmten Tellern anrichten.

DAZU PASST

Als Beilage Wirsing- oder Buttergemüse und einen gemischten Blattsalat servieren. Saucen, wie z.B. eine kräftige Rotweinsauce, extra dazu reichen, damit der Blätterteig knusprig bleibt.

Braten

Tafelspitz

- Fertig in 2 Stunden
- Klassiker
- Lässt sich gut vorbereiten

ZUTATEN FÜR 4 PERSONEN

1 kg	Tafelspitz
2	Zwiebeln
3	Knoblauchzehen
1 Bund	Suppengrün
100 ml	Weißwein
	Salz, Pfeffer
je 1 TL	Kümmel, Wacholderbeeren, Majoran
2	Lorbeerblätter
1 Bund	Petersilie

FÜR DEN APFELMEERRETTICH:

3–4	Äpfel
1	Zitrone
	Salz, Pfeffer
2–3 EL	Meerrettich (frisch gerieben oder aus dem Glas)

VORBEREITEN

Das Fleisch waschen und trocken tupfen. Die Zwiebeln ungeschält halbieren und die Schnittflächen in einer Pfanne ohne Fett dunkel rösten. Den Knoblauch schälen und bereitstellen. Das Suppengrün putzen, waschen und klein schneiden.

ZUBEREITEN

1 In einem großen Topf 4 l Wasser mit Wein, gerösteten Zwiebeln und Knoblauch erhitzen. Salz, Pfeffer, Kümmel, Wacholderbeeren, Majoran, Lorbeerblätter, Petersilie und den Tafelspitz dazugeben.

2 Die Hitze reduzieren und das Fleisch 80–100 Minuten gerade am Siedepunkt garen, den Schaum, der sich an der Oberfläche bildet, mit einer Schöpfkelle abnehmen.

3 Das vorbereitete Suppengemüse dazugeben und mit dem Fleisch weitere 15–20 Minuten garen.

4 Für den Apfelmeerrettich die Äpfel schälen und fein reiben. Mit etwas Zitronensaft, Salz und Pfeffer abschmecken. 2 EL frisch geriebenen Meerrettich oder Meerrettich aus dem Glas dazugeben und gut verrühren.

5 Das fertig gegarte Fleisch aus der Brühe nehmen, quer zur Faser aufschneiden und mit dem Suppengemüse und Apfelmeerrettich anrichten.

DAZU PASST
Als Beilage zum Tafelspitz, Bratkartoffeln oder Rösti und Rahmspinat servieren.

SO SCHMECKT'S AUCH
Anstelle des Apfelmeerrettichs kann man auch eine schnelle Schnittlauchsauce zubereiten: *200 g Crème fraîche* und *100 g saure Sahne* in eine Schüssel geben und mit dem Saft von *1/2 Zitrone, Salz* und *Pfeffer* verrühren. *1 Bund Schnittlauch* waschen, klein schneiden und unter die Sauce mischen. Evtl. auch noch *1 hart gekochtes, fein gehacktes Ei* dazugeben.

WENN ETWAS ÜBRIG BLEIBT
Das Suppengemüse fein würfeln und mit dünn geschnittenen Rindfleischscheiben in einen Suppenteller legen. Gelatine nach Packungsanleitung in etwas kalter Brühe einweichen, dann in heißer Brühe auflösen, mit Essig abschmecken und in den Teller gießen. Im Kühlschrank gelieren lassen. Die Tafelspitz-Tellersülze lässt sich im Kühlschrank bis zu 1 Woche aufbewahren.

Rindfleischsalat

Aus kaltem Tafelspitz lässt sich auch ein leckerer Rindfleischsalat zubereiten: *2 EL Essig, 5 EL Öl und 1 gewürfelte Zwiebel* zu einer Vinaigrette verrühren und mit *Salz, Pfeffer* und *Zucker* abschmecken. Das Rindfleisch und evtl. das Gemüse in dünne Scheiben schneiden und mit der *Salatsauce* mischen. Mit *frischem Brot* servieren.
Mit etwas *Kürbiskernöl* beträufelt und mit *gerösteten Kürbiskernen* bestreut, schmeckt der Salat besonders köstlich.

Vitello tonnato

- Fertig in 70 Minuten
- Italienische Spezialität

ZUTATEN FÜR 4 PERSONEN

800 g	Kalbfleisch (Oberschale)
1 Bund	Suppengrün
1	Knoblauchzehe
	Salz, Pfeffer
1 EL	Butter
1	Lorbeerblatt
100 ml	Weißwein

FÜR DIE SAUCE:

3–4	Sardellenfilets
150 g	Thunfisch (aus der Dose)
3	süßsauer eingelegte Essiggurken
200 g	Crème fraîche
	Salz, Pfeffer

VORBEREITEN

Das Fleisch waschen und trocken tupfen. Das Suppengrün putzen, waschen und klein schneiden. Die Knoblauchzehe schälen.

ZUBEREITEN

1 Das Kalbfleisch mit Salz und Pfeffer würzen und bei mittlerer Hitze in Butter anbraten. Das Suppengemüse, die Knoblauchzehe und das Lorbeerblatt dazugeben, mit Weißwein und 500 ml Wasser auffüllen. Langsam aufkochen lassen und das Kalbfleisch zugedeckt bei milder Hitze ca. 50–60 Minuten garen.

2 In der Zwischenzeit für die Sauce die Sardellenfilets klein schneiden, den Thunfisch abgießen und zerpflücken, die Essiggurken klein schneiden. Alles zusammen in einem hohen Becher mit etwas warmer Brühe aufmixen.

3 Das fertig gegarte Fleisch aus der Brühe nehmen und in Alufolie gewickelt ruhen lassen oder im Ofen bei 100 °C warm stellen.

4 Die Thunfischmischung in die Brühe geben, die Crème fraîche unterrühren, mit Salz und Pfeffer abschmecken.

5 Das Kalbfleisch in dünne Scheiben schneiden, auf vorgewärmten Tellern anrichten und mit der Thunfischsauce überziehen.

SO SCHMECKT'S AUCH

Zu gekochtem Kalbfleisch passt auch sehr gut eine Balsamico-Senf-Sauce: *300 ml Bratensaft* (siehe Rezept Seite 14) mit je *3–4 Zweigen Thymian und Rosmarin* und *2 geschälten und halbierten Knoblauchzehen* aufkochen lassen. Mit *1 EL Senf, 4 EL Balsamico, Salz und Pfeffer* abschmecken und ca. 5 Minuten leicht köcheln lassen. Die Sauce durch ein Sieb gießen und mit *2 EL kalter, in Stücke geschnittener Butter* aufmixen. Die Sauce mit dem dünn aufgeschnittenen Fleisch anrichten.

Kaltes Vitello tonnato

Für die kalte Variante das Kalbfleisch und die Brühe erkalten lassen. Sardellen, zerpflückten Thunfisch und klein geschnittene Essiggurken in einem Becher mit etwas kalter Brühe aufmixen. 200 g Crème fraîche unterrühren, nach Geschmack – die Sauce soll cremig sein – noch ein wenig Brühe dazugeben und mit Salz und Pfeffer abschmecken.
Das kalte Kalbfleisch in feine Scheiben schneiden, auf Tellern anrichten und die Sauce darübergeben.

▶ *Diese Variante lässt sich auch sehr gut für Gäste vorbereiten: Dafür die Fleischscheiben auf einer großen Platte anrichten, mit Sauce bestreichen und mit Folie bedeckt im Kühlschrank kalt stellen.*

DAZU PASST
Zur kalten wie auch zur warmen Variante reicht man frisches oder getoastetes Weißbrot.

BEIM EINKAUF BEACHTEN
Thunfisch in der Dose ist in Öl und naturell (im eigenen Saft) erhältlich. Für dieses Rezept Thunfisch im eigenen Saft verwenden.

 Was Mary Hahn schon wusste

Das Fleisch für Vitello tonnato wird klassisch in reichlich Flüssigkeit gekocht. Brät man das Kalbfleisch vorher an und lässt es dann in wenig Flüssigkeit fertig garen, schmeckt es intensiver und auch die Brühe wird aromatischer.

Braten

Gekräuterte Lammschulter

▸ Fertig in 1 Stunde 45 Minuten
▸ Ideal für Gäste

ZUTATEN FÜR 4 PERSONEN

1 kg	Lammschulter
6	Knoblauchzehen
1 Bund	Basilikum
2	rote Chilischoten
5 EL	Pinienkerne
6 EL	Olivenöl
	Salz, Pfeffer
200 ml	Portwein
300 ml	Rinderbrühe
1	Lorbeerblatt
1	Kartoffel
2 EL	kalte Butter

VORBEREITEN

Die Lammschulter vom Metzger auslösen lassen. Das Fleisch waschen und trocken tupfen. Knoblauch schälen, Basilikum und Chilischoten waschen und klein hacken. Pinienkerne in einer Pfanne ohne Fett anrösten. Den Backofen auf 220 °C (Heißluft) vorheizen.

ZUBEREITEN

1 Basilikum, Knoblauch, Chili und Pinienkerne im Mörser zerstoßen, mit Olivenöl vermengen und mit Salz und wenig Pfeffer würzen. Das Fleisch mit der ausgelösten Knochenseite nach oben auf ein tiefes Backblech legen und das Fleisch mit der im Mörser vorbereiteten Kräutermasse einreiben.

2 Das Blech in den vorgeheizten Backofen schieben und nach etwa 30 Minuten Garzeit den Portwein und die Rinderbrühe angießen und das Lorbeerblatt dazugeben. Die Temperatur auf 160 °C reduzieren

und die Lammschulter insgesamt 1–1,5 Stunden braten. Nach der Hälfte der Garzeit mehrmals mit dem Bratensaft begießen.

3 Wenn das Fleisch gar ist, das Blech aus dem Backofen nehmen, das Fleisch warm stellen und die Sauce durch ein Sieb in einen Topf gießen. Aufkochen lassen, mit der geschälten und fein geriebenen Kartoffel binden und mit Butter verfeinern. Mit Salz und Pfeffer abschmecken.

4 Die Lammschulter in Scheiben schneiden und auf vorgewärmten Tellern mit der Sauce servieren.

WENN ETWAS ÜBRIG BLEIBT
Lammfleisch, in dünne Scheiben geschnitten, schmeckt am nächsten Tag kalt oder lauwarm mit Pesto und Weißbrot. Dazu Antipasti, z.B. eingelegte Tomaten, Artischocken und gebratene Zucchinischeiben reichen.

Lammhaxe

▶ *Fertig in 1 Stunde 45 Minuten*

ZUTATEN FÜR 4 PERSONEN

1 kg	Lammhaxen
6	Knoblauchzehen
1 Bund	Suppengrün
	Salz, Pfeffer
2 EL	Butterschmalz
2 EL	Tomatenmark
20 ml	Portwein
4 EL	Balsamico
200 ml	Rotwein
200 ml	Rinderbrühe
1	Lorbeerblatt
	einige Zweige Thymian
1	Kartoffel
2 EL	Butter

VORBEREITEN

Die Haxen waschen und trocken tupfen. Den Knoblauch schälen. Das Suppengrün putzen und klein schneiden. Den Backofen auf 220 °C (Heißluft) vorheizen.

ZUBEREITEN

1 Das Fleisch mit Salz und Pfeffer würzen und in einem Bräter in Butterschmalz anbraten. Gemüse und Knoblauch dazugeben und mitrösten. Das Tomatenmark ebenfalls kurz mitanrösten.

2 Mit Portwein, Balsamico, Rotwein und Rinderbrühe ablöschen, die Kräuter dazugeben und den Bräter in den vorgeheizten Backofen stellen. Die Temperatur nach 15 Minuten auf 160 °C reduzieren. Je nach Größe sind die Lammhaxen nach 1–1,5 Stunden fertig. Das Fleisch ist gar, wenn beim Anstechen klarer Bratensaft austritt.

3 Die Lammhaxen herausnehmen und warm stellen. Die Sauce durch ein Sieb in einen Topf gießen, mit der fein geriebenen Kartoffel binden, mit Butter verfeinern und mit Salz und Pfeffer abschmecken.

DAZU PASST
Polenta und Paprikagemüse schmecken sehr gut zur Lammhaxe.

Braten

Kaninchen in Weißweinsauce

▸ *Fertig in 1 Stunde 30 Minuten*
▸ *Ideal für Gäste*

ZUTATEN FÜR 4 PERSONEN

1,2 kg	Kaninchenteile
1 Bund	Suppengrün
500 g	Kartoffeln
10	Knoblauchzehen
	Salz, Pfeffer, Paprika, Kräuter der Provence
3 EL	Butterschmalz
100 ml	Weißwein
200 ml	Gemüsebrühe
1 EL	kalte Butter

VORBEREITEN

Das Fleisch waschen und trocken tupfen. Das Suppengrün putzen und klein schneiden. Kartoffeln waschen, schälen, vierteln und in eine Schüssel mit kaltem Wasser legen. Die Knoblauchzehen schälen.

ZUBEREITEN

1 Die Kaninchenteile mit Salz, Pfeffer, Paprika und Kräutern würzen und in einem großen Bratentopf in Butterschmalz von allen Seiten anbraten.

2 Gemüse, Kartoffeln und Knoblauch dazugeben und leicht anrösten. Mit Weißwein und Gemüsebrühe ablöschen und aufkochen lassen. Zugedeckt 60–70 Minuten bei mäßiger Hitze garen.

3 Kaninchenfleisch und Gemüse auf vorgewärmten Tellern anrichten. Den Weißwein-Kräuter-Fond noch einmal kurz aufkochen, mit Butter verfeinern, mit Salz und Pfeffer abschmecken, mit dem Fleisch servieren.

Kaninchen mit Paprika und Oliven

▸ *Fertig in 1 Stunde 30 Minuten*
▸ *Mediterran*

ZUTATEN FÜR 4 PERSONEN

1,2 kg	Kaninchenteile
500 g	Paprikaschoten (rot, grün, gelb)
80 g	gemischte Oliven ohne Stein
10	Knoblauchzehen
500 g	Kartoffeln
	Salz, Pfeffer, Paprika
100 ml	Weißwein
400 ml	Gemüsebrühe
1 Bund	Thymian
1 EL	Butter

VORBEREITEN

1 Das Fleisch waschen, trocken tupfen und auf ein tiefes Backblech legen. Den Backofen auf 220 °C (Heißluft) vorheizen.

2 Die Paprikaschoten halbieren, entkernen, waschen und in 1 cm dicke Streifen schneiden. Die Oliven abtropfen lassen. Die Knoblauchzehen schälen und zu den Oliven geben. Die Kartoffeln waschen, schälen und vierteln.

ZUBEREITEN

1 Gemüse, Kartoffeln, Oliven und Knoblauch zu den Kaninchenteilen auf das Backblech legen. Das Fleisch und das Gemüse mit Salz, Pfeffer und etwas Paprika würzen.

2 Das Blech auf der mittleren Schiene in den vorgeheizten Backofen schieben und das Fleisch 20 Minuten braten.

3 Weißwein und Gemüsebrühe angießen und den Thymian dazulegen. Die Temperatur auf 160 °C reduzieren und das Fleisch in 50–70 Minuten fertig braten. Das Backblech aus dem Ofen nehmen. Die Thymianzweige aus der Sauce entfernen. Das Fleisch herausnehmen und im ausgeschalteten Ofen mit dem Gemüse warm stellen.

4 Den Bratenfond durch ein Sieb in einen Topf gießen, aufkochen lassen, mit Butter verfeinern und mit Salz und Pfeffer abschmecken.

5 Das Kaninchenfleisch mit Gemüse auf vorgewärmten Tellern anrichten und mit der Sauce servieren.

DAZU PASST

Frisches Weißbrot, Baguette mit Kräuterbutter oder Knoblauchbrot schmecken gut als Beilage. Wenn man bei der Zubereitung die Kartoffeln weglässt, kann man auch eine cremige Polenta mit Oliven zum Kaninchen servieren.

Gulasch & Rouladen

Schmorgerichte lassen sich gut vorbereiten und sind, da man nicht immer das edelste Fleisch dafür verwenden muss, ein preiswerter Genuss. Und die Zubereitung ist einfach:

- ▶ Die Fleischstücke portionsweise bei starker Hitze rundum kräftig anbraten.

- ▶ Reichlich Zwiebeln und Wurzelgemüse ebenfalls mitanrösten – so wird die Sauce füllig und man kann auf das Andicken verzichten.

- ▶ Mit Flüssigkeit ablöschen und das Fleisch zugedeckt bei mittlerer Hitze langsam schmoren lassen.

Gulasch

Rindergulasch

- Fertig in 2 Stunden
- Klassiker

Grundrezept

ZUTATEN FÜR 4 PERSONEN

800 g	Rindfleisch (Nacken)
8	Zwiebeln (ca. 700 g)
2	Knoblauchzehen
1–2	Chilischoten
4 EL	Butterschmalz
4 EL	Tomatenmark
800 ml	Rinderbrühe
2 EL	edelsüßer Paprika
	Salz, Pfeffer
1 TL	Kümmel
1 TL	Majoran
1	unbehandelte Zitrone
	etwas Petersilie

VORBEREITEN

Das Rindfleisch waschen und trocken tupfen, in 3 cm große Würfel schneiden. Die Zwiebeln und die Knoblauchzehen schälen und würfeln, die Chilischoten fein hacken.

ZUBEREITEN

1 Butterschmalz in einem großen Schmortopf erhitzen und das Fleisch in 2 Portionen nacheinander braun anbraten.

2 Die Zwiebel- und Knoblauchwürfel zum Fleisch geben und mitschmoren. Die Hitze etwas reduzieren. Das Tomatenmark zugeben und kurz mitrösten.

3 Den Bratensatz mit Rinderbrühe ablöschen, Paprika und gehackte Chilis zugeben und aufkochen lassen. Mit Salz, Pfeffer, Kümmel, Majoran und etwas

abgeriebener Zitronenschale abschmecken. Das Gulasch zugedeckt 70–80 Minuten schmoren.

4 Das Gulasch anrichten und mit fein geschnittener Petersilie bestreut servieren.

DAZU PASST
Semmel- und Kartoffelknödel oder Salzkartoffeln und ein Blattsalat sind ideale Beilagen.

SO SCHMECKT'S AUCH
Das klassische Rindergulasch lässt sich ganz einfach zu einem deftigen Wiener Fiakergulasch abwandeln: Pro Portion *1 Spiegelei, 1 gebratenes Frankfurter Würstchen* und *1 fächerförmig aufgeschnittene Essiggurke* dazu servieren.

Was Mary Hahn schon wusste

Brät man zuerst das Fleisch und dann erst die Zwiebeln an, wird das Gulasch besonders kräftig. Man kann aber auch zuerst bei mäßiger Hitze Zwiebel- und Knoblauchwürfel glasig anschwitzen, die Temperatur erhöhen und dann das Fleisch zugeben.

Paprikagulasch

Nach dem Grundrezept (siehe Seite 100) ein Rindergulasch zubereiten. Während das Fleisch schmort, *400 g Paprikaschoten* (rot, gelb, grün gemischt) waschen und halbieren. Das Kerngehäuse entfernen, die Paprikahälften in feine Streifen schneiden. Ca. 10 Minuten vor Ende der Garzeit zum Gulasch geben und bissfest garen. Das Paprikagulasch auf tiefen Tellern anrichten und mit je einem *Klecks saurer Sahne* oder *Knoblauch-Crème-fraîche* servieren. Dafür *200 g Crème fraîche* mit *2 fein geschnittenen Knoblauchzehen*, etwas *Zitronensaft*, *Salz* und *Pfeffer* abschmecken.

Schritt für Schritt: Gulasch zubereiten

1 *Das Rindfleisch in 3 cm große Würfel schneiden. Die Zwiebeln schälen und fein würfeln.*

2 *Das Fleisch und die Zwiebel- und Knoblauchwürfel in etwas Butterschmalz anbraten.*

3 *Den Bratensatz mit Rinderbrühe ablöschen, die Gewürze zugeben und das Gulasch zugedeckt schmoren lassen.*

Gulasch

Ungarisches Kartoffelgulasch

▶ Fertig in 1 Stunde 30 Minuten
▶ Gut vorzubereiten

ZUTATEN FÜR 4 PERSONEN

800 g	Rindfleisch (Nacken)
8	Zwiebeln (ca. 700 g)
1	Knoblauchzehe
600 g	mehligkochende Kartoffeln
2 EL	Butterschmalz
150 g	Speckwürfel
1 EL	Tomatenmark
800 ml	Fleischbrühe
2 EL	edelsüßer Paprika
1 TL	rosenscharfer Paprika
	Salz, Pfeffer, Kümmel
1 TL	getrockneter Majoran
1/2 TL	getrockneter Thymian

VORBEREITEN

Das Fleisch waschen, trocken tupfen und in 3 cm große Würfel schneiden. Zwiebeln und Knoblauchzehe schälen und würfeln. Die Kartoffeln waschen, schälen und vierteln.

ZUBEREITEN

1 Das Butterschmalz in einem Schmortopf erhitzen und die Zwiebel-, Knoblauch- und Speckwürfel glasig schwitzen. Das Fleisch zugeben, die Hitze erhöhen und das Fleisch und die Zwiebeln Farbe nehmen lassen. Zum Schluss das Tomatenmark zugeben und kurz mitrösten.

2 Den Bratensatz mit der Brühe ablöschen, Paprika zugeben und aufkochen lassen. Das Gulasch mit Salz, Pfeffer, Kümmel, Majoran und Thymian abschmecken. Die Kartoffeln dazugeben und das Gulasch zugedeckt bei schwacher Hitze ca. 70–80 Minuten schmoren lassen, bis das Fleisch weich ist.

DAZU PASST

Das Gulasch mit Kartoffeln ist schon ein vollwertiges Gericht, sodass man als Beilage dazu nur noch einen Blattsalat servieren muss.
Um die Schärfe etwas zu mildern, kann man auch zusätzlich noch etwas Sauerrahm oder Crème fraîche zum Gulasch reichen.

WENN ETWAS ÜBRIG BLEIBT

Gulasch lässt sich sehr gut am nächsten Tag nochmal aufwärmen. Der Geschmack wird dabei sogar noch intensiver. Sehr raffiniert schmeckt es, wenn man einige frische Salbeiblätter in Öl frittiert und mit dem Gulasch anrichtet.

Szegediner Gulasch

▸ Fertig in 1 Stunde 15 Minuten
▸ Preiswert
▸ Gut vorzubereiten

ZUTATEN FÜR 4 PERSONEN

800 g	Schweinebauch
4	Zwiebeln (ca. 400 g)
1	Knoblauchzehe
400 g	Sauerkraut
2 EL	Butterschmalz
1 EL	Mehl
600 ml	Gemüsebrühe
2 EL	edelsüßer Paprika
	Salz, Pfeffer, Kümmel, Majoran
1	unbehandelte Zitrone
250 g	saure Sahne

VORBEREITEN

Die Schwarte vom Schweinebauch entfernen. Das Fleisch waschen, trocken tupfen und in 2 cm große Würfel schneiden. Zwiebeln und Knoblauch schälen und würfeln. Das Sauerkraut in einem Sieb unter fließendem Wasser kräftig abspülen.

ZUBEREITEN

1 Butterschmalz in einem Schmortopf erhitzen und das Fleisch anbraten. Zwiebeln und Knoblauch zugeben und hellbraun anrösten. Das Mehl darüberstäuben und kurz anschwitzen.

2 Den Bratensatz mit Gemüsebrühe ablöschen, Paprika dazugeben und aufkochen lassen. Mit Salz und Pfeffer, Kümmel, Majoran und etwas abgeriebener Zitronenschale würzen. Das Gulasch zugedeckt ca. 50 Minuten leicht köcheln lassen.

3 Das Sauerkraut unterheben und aufkochen lassen. Zum Schluss die saure Sahne einrühren und das Gulasch auf vorgewärmten Tellern anrichten.

SO SCHMECKT'S AUCH

Das Szegediner Gulasch kann auch mit frischem Weißkraut zubereitet werden: Dafür *500 g Weißkraut* fein schneiden oder hobeln, leicht salzen und kräftig durchkneten. Mit dem Gulasch mitkochen.

DAZU PASST

Als Beilage zum Szegediner Gulasch passen Semmel- oder Kartoffelknödel, Petersilienkartoffeln und ein Blattsalat.

Gulasch

Kalbsfrikassee

▸ *Fertig in 1 Stunde 15 Minuten*
▸ *Klassiker*

Grundrezept

ZUTATEN FÜR 4 PERSONEN

800 g	Kalbfleisch (Schulter)
4	Schalotten
1	Knoblauchzehe
1 Bund	Suppengrün
4 EL	Butterschmalz
1 EL	Mehl
150 ml	Weißwein
800 ml	Kalbsfond oder Gemüsebrühe
	etwas Thymian
	Salz, Pfeffer, Muskat
	etwas Zitronensaft
150 ml	Sahne

VORBEREITEN

Das Fleisch waschen, trocken tupfen und in Würfel oder fingerlange, ca. 1 cm dicke Streifen schneiden. Schalotten und Knoblauchzehe schälen und würfeln. Das Suppengrün waschen, putzen und klein schneiden.

ZUBEREITEN

1 Butterschmalz in einem Schmortopf erhitzen und das Fleisch mit Schalotten und Knoblauch anschwitzen. Das Mehl zugeben und kurz mitschwitzen.

2 Mit Weißwein und Kalbsfond ablöschen. Suppengemüse und Thymian zugeben, mit Salz, Pfeffer, Muskat und Zitronensaft abschmecken. Bei milder Hitze zugedeckt ca. 1 Stunde garen lassen.

3 Zum Schluss die Sahne in das Frikassee gießen, mit Salz und Pfeffer abschmecken und anrichten.

DAZU PASST

Reis, aber auch Petersilienkartoffeln oder Bandnudeln schmecken gut zum Kalbsfrikassee.

Kalbsrahmgulasch mit Salbei

▸ Fertig in 1 Stunde 15 Minuten
▸ Raffiniert

ZUTATEN FÜR 4 PERSONEN

800 g	Kalbfleisch (Brust oder Hals)
1	Knoblauchzehe
8	Salbeiblätter
2 EL	Butterschmalz
	Salz, Pfeffer
1 TL	Tomatenmark
1 Prise	Zucker
150 ml	Noilly Prat (trockener Wermut)
200 ml	Gemüsebrühe oder Kalbsfond
150 ml	Sahne

VORBEREITEN

Das Fleisch waschen, trocken tupfen und in 3 cm große Würfel schneiden. Die Knoblauchzehe schälen und fein schneiden. Die Salbeiblätter waschen und fein hacken.

ZUBEREITEN

1 Butterschmalz in einem Schmortopf erhitzen, die Fleischwürfel rundum anbraten, mit Salz und Pfeffer würzen. Knoblauch und die Hälfte der Salbeiblätter zugeben und kurz mitdünsten. Tomatenmark und Zucker zugeben.

2 Den Bratensatz mit Noilly Prat und Brühe ablöschen und das Fleisch zugedeckt ca. 1 Stunde schmoren.

3 Zum Schluss die Sahne unterrühren, mit Salz und Pfeffer abschmecken. Das Gulasch anrichten, mit dem restlichen Salbei bestreuen und servieren.

DAZU PASST

Zur Sahnesauce schmecken Bandnudeln mit Zucchinigemüse besonders gut. Man kann auch die Zucchini längs in sehr dünne Scheiben schneiden und mit den Nudeln in Salzwasser kochen.

SO SCHMECKT'S AUCH

Man kann unter die Sahnesauce auch noch 150 g in etwas Butter gebratene Pilze (z. B. Champignons oder Pfifferlinge) mischen. Statt Salbei schmeckt das Ragout auch mit frischem Thymian.

Gulasch

Lammgulasch mit Bohnen

▸ Fertig in 1 Stunde 30 Minuten
▸ Gelingt leicht

ZUTATEN FÜR 4 PERSONEN

800 g	Lammfleisch (Schulter)
8	kleine Zwiebeln (ca. 500 g)
2	Knoblauchzehen
2	Chilischoten
150 g	mehligkochende Kartoffeln
100 g	grüne Bohnen
4 EL	Butterschmalz
4 EL	Tomatenmark
800 ml	Rinderbrühe
2 EL	edelsüßer Paprika
	Salz, Pfeffer
	Kümmel, Majoran
1	unbehandelte Zitrone

VORBEREITEN

Das Fleisch waschen, trocken tupfen und in 2–3 cm große Würfel schneiden. Zwiebeln und Knoblauchzehen schälen und würfeln, Chilischoten fein hacken. Die Kartoffeln waschen, schälen und in große Würfel schneiden. Die Bohnen putzen und in mundgerechte Stücke schneiden.

ZUBEREITEN

1 Butterschmalz in einem Schmortopf erhitzen und die Zwiebel- und Knoblauchwürfel glasig dünsten. Das Lammfleisch zugeben, die Hitze erhöhen und das Fleisch und die Zwiebeln Farbe nehmen lassen. Das Tomatenmark zugeben und kurz mitrösten.

2 Den Bratensatz mit Brühe ablöschen, Paprika und gehackte Chilis zugeben und aufkochen lassen.

3 Das Gulasch mit Salz und Pfeffer, Kümmel, Majoran und etwas abgeriebener Zitronenschale abschmecken. Die Kartoffeln zugeben, das Gulasch zugedeckt ca. 50 Minuten schmoren.

4 Die Bohnen zugeben und das Lammgulasch weitere 15 Minuten schmoren, bis die Bohnen gar sind, aber noch leichten Biss haben. Das Gulasch auf tiefen Tellern anrichten und servieren.

SO SCHMECKT'S AUCH

1 kleines Bund frisches Bohnenkraut im Gulasch mitgaren. Der Geschmack des Bohnenkrauts harmoniert wunderbar mit Lammfleisch und Kartoffeln.

Lammpilaw

▸ Fertig in 1 Stunde 30 Minuten

ZUTATEN FÜR 4 PERSONEN

800 g	Lammkeule
8	kleine Zwiebeln (ca. 500 g)
3	Knoblauchzehen
1	kleine Chilischote
400 g	Tomaten
3 EL	Butterschmalz
4 EL	Tomatenmark
200 ml	Rotwein
400 ml	Rinderbrühe
2 EL	edelsüßer Paprika
	Salz, Pfeffer
	Kümmel, Majoran
1	unbehandelte Zitrone
150 g	Reis
200 g	Weißkraut

VORBEREITEN

Das Fleisch waschen, trocken tupfen und in 2 cm große Würfel schneiden. Zwiebeln und Knoblauchzehen schälen und würfeln, Chili fein hacken. Die Tomaten waschen, evtl. häuten (über Kreuz einritzen und kurz in kochendes Wasser legen), Stielansätze entfernen, Fruchtfleisch klein schneiden.

ZUBEREITEN

1 2 EL Butterschmalz in einem Schmortopf erhitzen, Zwiebel- und Knoblauchwürfel glasig anschwitzen. Das Lammfleisch zugeben, die Hitze erhöhen und Fleisch und Zwiebelwürfel Farbe nehmen lassen. Das Tomatenmark zugeben und kurz mitrösten.

2 Die Tomaten zugeben und mit Rotwein und Rinderbrühe ablöschen. Paprika und Chili zugeben und aufkochen lassen. Mit Salz und Pfeffer, Kümmel, Majoran und etwas abgeriebener Zitronenschale abschmecken.

3 Den Pilaw zugedeckt 40 Minuten schmoren lassen, bis das Fleisch fast weich ist. Dann den Reis und bei Bedarf noch etwas Wasser zugeben und weitere 20 Minuten garen, bis der Reis weich und das Fleisch saftig zart ist.

4 In der Zwischenzeit das Weißkraut waschen und in Streifen schneiden. 1 EL Butterschmalz in einem Topf erhitzen, das Weißkraut anbraten, mit Salz und Pfeffer würzen und zugedeckt 8–10 Minuten dünsten.

5 Das Weißkraut auf Teller verteilen, den Lammpilaw darauf anrichten und servieren.

SO SCHMECKT'S AUCH

Lammpilaw kann auch mit Vollkornreis zubereitet werden. Den Reis dann schon nach 30 Minuten zum Fleisch geben. Vollkornreis schmeckt kräftiger als geschälter weißer Reis und harmoniert gut mit Lammfleisch.

Gulasch

Ochsenschwanzragout

▸ Fertig in 2 Stunden 15 Minuten
▸ Gut vorzubereiten

ZUTATEN FÜR 4 PERSONEN

1,3 kg	Ochsenschwanz
8	Schalotten
1	Knoblauchzehe
1 Bund	Suppengrün
4 EL	Butterschmalz
	Salz, Pfeffer
2 EL	Tomatenmark
1 EL	Mehl
300 ml	Rotwein
700 ml	Rinderbrühe
	einige Zweige Thymian
2	Lorbeerblätter
150 ml	Sahne

VORBEREITEN

Den Ochsenschwanz vom Metzger in ca. 5 cm lange Stücke zerteilen lassen. Die Fleischstücke waschen und trocken tupfen. Schalotten und Knoblauchzehe schälen und würfeln. Suppengrün waschen, putzen und in Würfel schneiden.

ZUBEREITEN

1. 2 EL Butterschmalz in einem Schmortopf erhitzen. Die Ochsenschwanzstücke mit Salz und Pfeffer würzen und von beiden Seiten anbraten. Herausnehmen und bereitstellen.

2. Die Gemüse-, Schalotten- und Knoblauchwürfel im restlichen Butterschmalz kräftig anrösten. Das Tomatenmark zugeben und ebenfalls kurz anrösten. Mit Mehl bestäuben, kurz anschwitzen.

3. Den Bratensatz mit Rotwein und Rinderbrühe ablöschen. Die Ochsenschwanzstücke wieder in den Topf geben, Thymian und Lorbeerblätter zugeben und zugedeckt 90–120 Minuten köcheln lassen, bis das Fleisch weich ist. Evtl. etwas Flüssigkeit zugießen.

4. Die Ochsenschwanzstücke auf vorgewärmten Tellern anrichten. Die Sauce kräftig aufkochen und evtl. etwas einkochen lassen, dann die Sahne unterrühren. Mit Salz und Pfeffer abschmecken und mit dem Fleisch servieren.

DAZU PASST
Brokkoli mit Mandeln oder Butterbröseln aber auch Blumenkohl oder glasierte Karotten schmecken gut zum Ochsenschwanzragout. Dazu serviert man Reis, Bandnudeln, Spätzle oder Butterkartoffeln.

SO SCHMECKT'S AUCH
Die Sauce mit etwas Balsamico abschmecken, so bekommt sie eine feine Säure. Man kann das Fleisch vor der Zubereitung auch für einige Tage in eine Marinade (Rezept Seite 16) einlegen.

Feines Rinderragout

▸ *Fertig in 1 Stunde*
▸ *Ideal für Gäste*

ZUTATEN FÜR 4 PERSONEN

800 g	Rinderfilet
20	kleine Schalotten oder Perlzwiebeln
1	Knoblauchzehe
400 ml	Bratensaft (Rezept Seite 14)
150 ml	Portwein
	etwas Thymian und Rosmarin
1	Lorbeerblatt
	Salz, Pfeffer
2 EL	Butterschmalz
40 ml	Cognac
1 EL	kalte Butter

VORBEREITEN

Das Filet waschen, trocken tupfen und in 2 cm große Würfel schneiden. Schalotten oder Perlzwiebeln und Knoblauchzehe schälen.

ZUBEREITEN

1 Bratensaft und Portwein in einen Topf geben und aufkochen. Schalotten oder Perlzwiebeln, Knoblauch, Thymian, Rosmarin und Lorbeerblatt zugeben und auf 1/3 der Menge einkochen lassen.

2 Die Filetwürfel mit Salz und Pfeffer würzen und in einer Pfanne in Butterschmalz kräftig anbraten. Das Fleisch mit Cognac und der vorbereiteten Sauce ablöschen.

3 Das Ragout zugedeckt bis zum gewünschten Gargrad leicht köcheln lassen. Mit Salz, Pfeffer und Butter abschmecken und servieren.

DAZU PASST

Zum Rinderragout Bandnudeln oder einen Kartoffelgratin servieren. Als Gemüsebeilage Blumenkohl, Brokkoli mit Butterbröseln oder glasierte Perlzwiebeln.

SO SCHMECKT'S AUCH

Jungen Knoblauch, der im Frühjahr und Frühsommer erhältlich ist, fein hobeln, kurz frittieren, salzen und über das Ragout streuen.

Rouladen

Kalbsrouladen

- Fertig in 45 Minuten
- Ganz einfach

ZUTATEN FÜR 4 PERSONEN

4	Kalbsrouladen (Oberschale)
1 Bund	Suppengrün
1	Chilischote
	Salz, Pfeffer
4 Scheiben	Frühstücksspeck
1 EL	Butterschmalz
100 ml	Weißwein
200 ml	Gemüsebrühe
	Bratenschnur oder Zahnstocher

VORBEREITEN

Das Fleisch waschen und trocken tupfen. Suppengrün putzen und in Streifen schneiden. Chilischote hacken.

ZUBEREITEN

1 Das Fleisch zwischen Frischhaltefolie leicht klopfen. Mit Salz und Pfeffer würzen. 1 Scheibe Speck auf jede Fleischscheibe und darauf quer die Gemüsestreifen legen. Das Fleisch zu Rouladen aufrollen und mit Bratenschnur oder Zahnstochern fixieren.

2 Das Butterschmalz in einem Schmortopf erhitzen und die Rouladen darin von allen Seiten kräftig anbraten. Mit Weißwein und Gemüsebrühe ablöschen und zugedeckt bei schwacher Hitze 30–40 Minuten schmoren lassen.

3 Die Rouladen aus dem Topf nehmen, Bratenschnur oder Zahnstocher entfernen, das Fleisch unter Alufolie warm halten. Die Sauce noch einmal kräftig aufkochen und mit der gehackten Chilischote abschmecken.

4 Die Kalbsrouladen schräg aufschneiden, auf vorgewärmten Tellern anrichten und mit der Sauce servieren.

Grundrezept

Mit Hackfleisch-Gemüse-Füllung

150 g Kalbshackfleisch mit *20 g getrockneten Mu-Err-Pilzen* (20 Minuten in kaltem Wasser einweichen, danach ausdrücken und in feine Würfel schneiden) und *60 g feingewürfeltem und kurz in Salzwasser blanchiertem Gemüse (Karotte, Sellerie, Zucchini gemischt)* vermengen. Mit *Salz* und *Pfeffer* abschmecken. Etwas feingeschnittene Petersilie oder Koriander dazugeben.

Mit Kartoffel-Pilz-Füllung

200 g mehligkochende Kartoffeln mit Schale weich garen, etwas ausdampfen lassen, schälen und dann durch eine Kartoffelpresse drücken. *60 g Pilze (Champignons, Pfifferlinge, Steinpilze oder Morcheln)* gut säubern und in kleine Würfel schneiden. In *1 TL Butter* in einer Pfanne kurz anschwitzen und abkühlen lassen. Die Kartoffelmasse mit *1 EL Mehl* und *1 Eigelb* vermischen, mit *Salz, Pfeffer* und *etwas Muskat* abschmecken. Die Pilze und *1 TL fein geschnittene Petersilie* dazugeben.

Mit Kalbsbrät-Füllung

150 g Kalbsbrät mit *1 TL Majoran (frisch oder getrocknet)* oder *1 TL Kräuter der Provence* und *40 g Bergkäse,* in feine Würfel geschnitten, vermischen. Mit *Salz* und *Pfeffer* abschmecken.

DAZU PASST
Zu den Kalbsrouladen Reis, Polenta, Gnocchi oder auch Kartoffelpüree reichen.

SO SCHMECKT'S AUCH
Die Sauce zu den Kalbsrouladen lässt sich anstatt mit Brühe und Weißwein auch mit Bratensaft (siehe Rezept Seite 14) zubereiten.
Zu den Kalbsrouladen kann man ganz schnell und einfach eine feine Rahmsauce zubereiten: Kurz vor dem Anrichten *200 ml Sahne* oder *150 g Crème fraîche* unter die Sauce rühren und noch einmal mit *Salz, Pfeffer* sowie *Petersilie* abschmecken.
Diese Rahmsauce lässt sich ganz einfach vielseitig variieren: *150 g* kurz in Butter angebratene *Pilze* (Austernpilze, Champignons, Pfifferlinge oder Steinpilze) zur Sauce geben. Oder eine Handvoll jungen, *gehackten Spinat* untermischen und kurz in der Sauce erhitzen.

Schritt für Schritt: **Rouladen füllen**

1 Die Fleischscheiben mit Frühstücksspeck und Gemüsestreifen belegen.

2 Das Fleisch mit der Füllung zu Rouladen aufrollen.

3 Die Rouladen mit Bratenschnur oder Zahnstochern fixieren.

Rouladen

Asiatische Rouladen

▸ Fertig in 1 Stunde 20 Minuten
▸ Raffiniert

ZUTATEN FÜR 4 PERSONEN

4	Schweinerouladen (Oberschale)
80 g	Klebreis
70 g	Shiitakepilze
2 EL	Erdnussöl
4	Zwiebeln
1	Chilischote
1 EL	Wasabipaste
	Bratenschnur oder Zahnstocher
50 ml	Sojasauce
80 ml	Teriyakisauce
1/2 Bund frischer Koriander	

VORBEREITEN

Die Fleischscheiben waschen und trocken tupfen. Den Reis in Salzwasser weich kochen und abgetropft bereitstellen. Die Shiitakepilze fein hacken und in 1 EL Erdnussöl anbraten. Die Zwiebeln schälen und in Streifen schneiden, die Chilischote fein hacken.

ZUBEREITEN

1 Das Rouladenfleisch zwischen Frischhaltefolie leicht klopfen. Den Reis mit den Pilzen mischen und 4 kleine Rollen daraus formen. Das Fleisch mit Wasabipaste bestreichen und die Reisrollen darauflegen. Zu Rouladen aufrollen und mit Bratenschnur oder Zahnstochern fixieren.

2 Die Rouladen im restlichen Erdnussöl kräftig anbraten, Zwiebeln zugeben und Farbe nehmen lassen. Mit 200 ml Wasser, Soja- und Teriyakisauce ablöschen und zugedeckt ca. 40 Minuten sanft schmoren lassen. Evtl. noch etwas Wasser zugeben.

3 Die Rouladen aus dem Topf nehmen, Bratenschnur oder Zahnstocher entfernen, das Fleisch unter Alufolie warm halten. Die Sauce kräftig aufkochen lassen und mit Chili und fein geschnittenem Korianderkraut abschmecken.

4 Die Rouladen schräg in Scheiben schneiden und auf vorgewärmten Tellern mit der Sauce anrichten.

DAZU PASST

Zu dieser asiatischen Variante passen gebratene Sojasprossen, Krautsalat, Gurkensalat und natürlich Reis.

SO SCHMECKT'S AUCH

Die Zwiebeln beim Anbraten mit *1 EL Honig* karamellisieren lassen und die Sauce kurz vor dem Servieren noch mit *1 TL klein gehacktem Knoblauch* abschmecken.

Italienische Rouladen

▸ Fertig in 1 Stunde
▸ Ideal für Gäste

ZUTATEN FÜR 4 PERSONEN

4	Kalbsrouladen (Oberschale)
1 Bund	Basilikum
40 g	getrocknete in Öl eingelegte Tomaten
40 g	Parmesan
4 TL	Pinienkerne
4 Scheiben	Frühstücksspeck
	Salz, Pfeffer
1 EL	Olivenöl
300 ml	Fleischbrühe oder Bratensaft (Rezept Seite 14)
	etwas Chili

VORBEREITEN

Die Fleischscheiben waschen und trocken tupfen. Die Basilikumblätter abzupfen, waschen und trocken schütteln. Die Tomaten auf einem Sieb abtropfen lassen und fein hacken. Den Parmesan in dünne Streifen schneiden. Die Pinienkerne kurz in einer Pfanne ohne Fett rösten.

ZUBEREITEN

1 Die Rouladen zwischen Frischhaltefolie leicht klopfen, dann mit Salz und Pfeffer würzen. Je 1 Speckscheibe auf die Rouladen legen, darauf Basilikumblätter, gehackte Tomaten, Pinienkerne und Parmesan. Die Seitenteile einschlagen, die Rouladen aufrollen. Mit einer Bratenschnur binden oder mit den Zahnstochern fixieren.

2 Die Rouladen im Olivenöl von allen Seiten kräftig anbraten, mit der Fleischbrühe oder dem Bratensaft und 300 ml Wasser ablöschen und danach zugedeckt ca. 30–40 Minuten sanft schmoren lassen.

3 Die Rouladen herausnehmen, Bratenschnur oder Zahnstocher entfernen. Das Fleisch auf vorgewärmten Tellern anrichten. Die Sauce kräftig aufkochen lassen, mit Chili abschmecken und zu den Rouladen servieren.

DAZU PASST
Spaghetti oder andere Pasta, Reis, Polenta oder auch Gnocchi als Beilage reichen.

SO SCHMECKT'S AUCH
Die Sauce kann zusätzlich mit etwas *Balsamico* und *1 EL kalter Butter* abgeschmeckt werden. Mit *Salbei- oder Basilikumchips* garnieren: Dafür *Salbei- oder Basilikumblätter* frittieren, auf Küchenkrepp abtropfen lassen und mit *Salz* würzen.

BEIM EINKAUFEN BEACHTEN
Für die Füllung jungen Parmesan kaufen, der noch nicht so salzig ist. Anstelle von Parmesan kann man auch Gorgonzola oder Mozzarella verwenden.

Rouladen

Rinderrouladen

- *Fertig in 2 Stunden*
- *Gut vorzubereiten*

ZUTATEN FÜR 4 PERSONEN

4	Rinderrouladen (Oberschale)
1	große Zwiebel
2	Essiggurken
3 EL	mittelscharfer Senf
	Salz, Pfeffer
4 Scheiben Speck	
1 EL	Butterschmalz
400 ml	Fleischbrühe
1 EL	kalte Butter
	Bratenschnur oder Zahnstocher

VORBEREITEN

Das Fleisch waschen und trocken tupfen. Zwiebel schälen und fein würfeln. Essiggurken würfeln und mit der Zwiebel und 2 EL Senf vermischen.

ZUBEREITEN

1 Die Rouladen zwischen Frischhaltefolie leicht klopfen. Das Fleisch mit Salz und Pfeffer würzen und mit der Gurken-Senf-Mischung bestreichen. Je 1 Scheibe Speck darauflegen. Die Rouladen aufrollen und mit Zahnstochern oder Bratenschnur fixieren.

2 Butterschmalz in einem Schmortopf erhitzen und die Rouladen kräftig anbraten. Mit der Brühe ablöschen und zugedeckt 70–80 Minuten sanft schmoren.

3 Die Rouladen aus dem Topf nehmen und auf vorgewärmten Tellern anrichten. Bratenschnur oder Zahnstocher entfernen. Die Sauce noch einmal kräftig aufkochen lassen, mit Butter, 1 EL Senf, Salz und Pfeffer abschmecken und zu den Rouladen geben.

Grundrezept

DAZU PASST
Zu Rinderrouladen schmecken Bandnudeln, Spätzle, Butterkartoffeln, Kartoffelpüree mit Röstzwiebeln und ein grüner Salat.

SO SCHMECKT'S AUCH
Mit scharfem Dijonsenf schmecken die Rouladen besonders würzig. Den Speck kann man auch würfeln, in der Pfanne anbraten und zum Füllen unter die Senf-Gurken-Mischung geben.

Fiaker-Rouladen

▶ *Fertig in 2 Stunden*

ZUTATEN FÜR 4 PERSONEN

2	Essiggurken
1	Zwiebel
2	Frankfurter Würstchen
4	Rinderrouladen (Oberschale)
	Salz, Pfeffer
2 EL	süßer Senf
4 Scheiben	Speck
1 EL	Butterschmalz
400 ml	Fleischbrühe
4	Wachteleier
3 TL	Butter
	Bratenschnur oder Zahnstocher

VORBEREITEN

Für die Füllung Essiggurken und Zwiebeln in feine Streifen schneiden und die Frankfurter Würstchen halbieren.

ZUBEREITEN

1 Die Fleischscheiben mit Salz und Pfeffer würzen, mit süßem Senf bestreichen und mit Speck, Gurken- und Zwiebelstreifen und je 1/2 Würstchen belegen. Die Rouladen aufrollen und mit Bratenschnur oder Zahnstochern fixieren.

2 Die Rouladen mit Salz und Pfeffer würzen und in Butterschmalz kräftig anbraten. Mit der Brühe ablöschen und zugedeckt 70–80 Minuten sanft schmoren lassen.

3 Die Rouladen aus dem Topf nehmen, Bratenschnur oder Zahnstocher entfernen und das Fleisch unter Alufolie warm halten. Die Wachteleier aufschlagen und in 1 TL Butter in einer kleinen Pfanne Spiegeleier braten. Das Eiweiß salzen. Die Rouladensauce kräftig aufkochen lassen, mit 2 TL Butter, Salz und Pfeffer abschmecken.

4 Die Rouladen in der Mitte schräg aufschneiden und auf vorgewärmten Tellern anrichten. Je 1 Wachtelspiegelei dazusetzen und mit der Sauce servieren.

SO SCHMECKT'S AUCH
Für die Sauce kann man auch *1 kleines Bund Suppengrün* zugeben: Das Gemüse waschen, putzen und fein würfeln. Die Rouladen nach dem Anbraten aus dem Schmortopf nehmen und die Gemüsewürfel kurz anrösten. Mit der Brühe ablöschen, die Rouladen zugeben und schmoren lassen.
Die Fleischbrühe zum Aufgießen kann auch zur Hälfte durch dunkles Bier ersetzt werden. Eine besonders kräftige Sauce erhält man, wenn man Bratensaft (Rezept Seite 14) verwendet.

Schmorgericht

Ossobuco

- *Fertig in 2 Stunden*
- *Italienische Spezialität*
- *Ideal für Gäste*

ZUTATEN FÜR 4 PERSONEN

4 Scheiben Kalbshaxe à ca. 250 g	
2	Zwiebeln
700 g	Tomaten
2	Knoblauchzehen
1 EL	Olivenöl
1 EL	Tomatenmark
150 ml	Weißwein
1 Bund	Thymian
1	Lorbeerblatt
1 TL	Honig
1/2	Zitrone
	Salz, Pfeffer

VORBEREITEN

Die Fleischscheiben waschen und trocken tupfen. Die Zwiebeln schälen und in feine Würfel schneiden. Die Tomaten über Kreuz einritzen, kurz in kochendes Wasser geben, herausnehmen, häuten, Stielansatz entfernen und das Fruchtfleisch in Viertel schneiden. Knoblauchzehen schälen und halbieren.

ZUBEREITEN

1 Die Kalbshaxenscheiben mit Salz und Pfeffer würzen. Olivenöl in einem großen Schmortopf erhitzen und die Fleischscheiben anbraten. Das Fleisch herausnehmen und bereitstellen.

2 Die Zwiebelwürfel in den Topf geben, anschwitzen, das Tomatenmark zugeben und ebenfalls anschwitzen lassen. Die Tomaten zufügen, mit Weißwein auffüllen.

3 Den Tomatenfond aufkochen lassen, den Thymian und das Lorbeerblatt zugeben, mit Knoblauch, Honig, Salz, Pfeffer und dem Saft der 1/2 Zitrone abschmecken. Das Fleisch in die Sauce legen und im geschlossenen Topf bei schwacher Hitze ca. 70–80 Minuten schmoren. Das Fleisch ist gar, wenn es sich leicht vom Knochen löst.

4 Die Fleischscheiben auf vorgewärmten Tellern anrichten, den Tomatenfond nochmals mit Salz und Pfeffer abschmecken, die Thymianstiele entfernen. Die Sauce mit dem Fleisch servieren.

ANRICHTEN
Vor dem Servieren kann man auch den Knochen der Kalbshaxenscheiben entfernen und die dabei entstandene Öffnung mit selbst gemachtem Pesto (Rezept Seite 85) füllen.

DAZU PASST
Als typisch italienische Beilage serviert man Polenta oder Risotto milanese zum Ossobuco. Aber auch Bandnudeln oder ein Baguette passen gut dazu. Sehr gut schmecken die Kalbshaxenscheiben, wenn man sie vor dem Servieren mit Gremolata bestreut: Dafür *1/2 Bund glatte Petersilie* waschen, trocken schütteln und fein hacken. Mit der abgeriebenen *Schale von 1/2 unbehandelten Zitrone* und mit *1 fein gehackten Knoblauchzehe* vermischen.

SO SCHMECKT'S AUCH
Statt frischem Thymian eignen sich auch tiefgekühlte oder getrocknete Kräuter. Auch Oregano oder Kräuter der Provence kann man verwenden – jedoch sparsam, da diese Kräutermischung sehr intensiv schmeckt. Bereitet man Ossobuco für viele Personen zu, kann man die Fleischscheiben auch in einer großen Kasserolle bei 175 °C zugedeckt im Backofen schmoren.

WENN ETWAS ÜBRIG BLEIBT
Ossobuco hält sich im Kühlschrank etwa 2 Tage. Löst man das Fleisch von den Knochen und erhitzt es in der Sauce, ergibt das, mit geriebenem Parmesan bestreut, eine leckere Pasta-Sauce.

Ossobuco mit Gemüse

▶ *Fertig in 2 Stunden*
▶ *Gelingt leicht*

ZUTATEN FÜR 4 PERSONEN

4 Scheiben Kalbshaxe
2   Zwiebeln
1 EL   Tomatenmark
1 großes Bund Suppengrün
200 ml   Rotwein
300 ml   Gemüsebrühe
*   einige Wacholderbeeren*
1   Lorbeerblatt
*   Salz, Pfeffer*
2 EL   Balsamico

ZUBEREITEN

1 Die Kalbshaxenscheiben wie im Rezept (siehe Seite 116) anbraten und herausnehmen. Die gewürfelten Zwiebeln und das Tomatenmark in den Schmortopf geben und anschwitzen.

2 Das Suppengrün, geputzt und in Würfel geschnitten, zugeben und andünsten. Mit Rotwein und Gemüsebrühe ablöschen. Einige Wacholderbeeren und das Lorbeerblatt dazugeben. Mit Salz, Pfeffer und Balsamico abschmecken. Die Fleischscheiben in die Sauce legen und zugedeckt 70–80 Minuten schmoren.

Was Mary Hahn schon wusste

Das Knochenmark ist eine besondere Delikatesse. Mit einem schmalen Löffel herausholen und leicht gesalzen auf einem Stück Weißbrot essen.

Hackfleisch

Ob vom Rind, Schwein, Kalb oder Lamm – Hackfleisch ist ein echtes Multitalent, das sich schnell und vielseitig zubereiten lässt.

- ▶ Frisches Hackfleisch ist leicht verderblich und sollte immer am Tag der Herstellung zubereitet werden. Gegart ist es 2 Tage im Kühlschrank haltbar.

- ▶ Hackfleisch immer gut durchgaren, es sollte innen nicht rosa sein. Eine Ausnahme ist Tatar, das, ganz frisch durchgedreht, auch roh verwendet werden kann.

- ▶ Tiefgekühltes Hackfleisch langsam im Kühlschrank auftauen lassen oder – für Saucen – gefroren in die Pfanne geben.

Hackfleisch

Frikadellen

Grundrezept

▸ Fertig in 40 Minuten
▸ Gelingt leicht

ZUTATEN FÜR 4 PERSONEN

2	kleine Zwiebeln
1	Knoblauchzehe
3	Brötchen vom Vortag
100 ml	Milch oder Wasser
	einige Stängel Dill und Petersilie
2	Eier
400 g	gemischtes Hackfleisch
1 EL	Pflanzenöl
	Salz, Pfeffer, Kümmel, Majoran
1 EL	mittelscharfer Senf
2 EL	Butterschmalz

VORBEREITEN

Die Zwiebeln und die Knoblauchzehe schälen und fein würfeln. Die Brötchen in Würfel schneiden und mit heißer Milch oder heißem Wasser übergießen. Dill und Petersilie waschen, trocken schütteln und fein hacken. Die Eier aufschlagen und verquirlen. Das Hackfleisch in einer Schüssel bereitstellen.

ZUBEREITEN

1 Die Zwiebel- und Knoblauchwürfel in einer Pfanne in Öl anschwitzen und zum Hackfleisch geben. Die eingeweichten und gut ausgedrückten Brötchenwürfel, Eier, Petersilie und Dill dazugeben.

2 Die Hackfleischmasse mit Salz, Pfeffer, Kümmel, Majoran und Senf kräftig abschmecken und zu einem geschmeidigen Teig vermischen.

3 Mit einer kleinen Schöpfkelle oder einem Eisportionierer aus dem Fleischteig gleichmäßige Kugeln abstechen und anschließend mit angefeuchteten Händen flache Frikadellen formen.

4 Das Butterschmalz in einer Pfanne erhitzen und die Frikadellen darin anbraten. Bei mittlerer Hitze auf beiden Seiten je nach Größe 4–5 Minuten fertig braten. Die fertigen Frikadellen evtl. im Backofen bei 50 °C warm halten.

DAZU PASST
Kartoffelpüree, Bratkartoffeln oder Kartoffelsalat und verschiedene Dips schmecken gut zu Frikadellen.

BEIM EINKAUFEN BEACHTEN
Hackfleisch gibt es in der Regel nur vom Rind und Schwein fertig zu kaufen. Wer gehacktes Kalb- oder Lammfleisch möchte, muss es beim Metzger vorbestellen oder selbst mit dem Fleischwolf herstellen. Hackfleisch ist sehr empfindlich und sollte deshalb immer am Tag des Einkaufs weiterverarbeitet werden. Gegart lässt es sich im Kühlschrank 1–2 Tage aufbewahren.

SO SCHMECKT'S AUCH
Buletten „Berliner Art" werden traditionell mit weniger Kräutern und Senf zubereitet. Sie werden vor dem Braten paniert (in verquirltem Ei und anschließend in Semmelbröseln gewendet).
Größere Mengen Frikadellen lassen sich am besten im Backofen braten. Dafür den Ofen auf 200 °C (Heißluft 180 °C) vorheizen und die Frikadellen auf einem mit Backpapier ausgelegtem Blech etwa 15 Minuten braten. Auf einer Platte anrichten.

WENN ETWAS ÜBRIG BLEIBT
Für einen „Hamburger" 1 Brötchen aufschneiden, die untere Hälfte mit 1 flachen Frikadelle belegen, mit Salatblättern, Tomatenscheiben und Zwiebelringen garnieren und mit Senf oder Ketchup würzen. Die obere Brötchenhälfte daraufsetzen.

Was Mary Hahn schon wusste

Mit gemischtem Hackfleisch werden die Frikadellen lockerer als mit reinem Rinderhackfleisch. Verwendet man Rinderhack, muss man etwas mehr Brötchen zugeben, damit sie nicht zu trocken werden. Ganz besonders locker werden Frikadellen, wenn man 1/3 der Hackfleischmenge durch Kalbsbrät ersetzt.

Schritt für Schritt: Frikadellen formen

1 Alle Zutaten zu einem geschmeidigen Fleischteig verarbeiten.

2 Aus dem Fleischteig gleichmäßige Portionen abstechen.

3 Mit angefeuchteten Händen flache Frikadellen formen.

Hackfleisch

Griechische Fleischbällchen

- *Fertig in 35 Minuten*
- *Ideal für Gäste*
- *Gut vorzubereiten*

ZUTATEN FÜR 4 PERSONEN

4	Schalotten
4	Knoblauchzehen
100 g	Schafskäse
2	Eier
80 g	Semmelbrösel
500 g	Rinder- oder Lammhackfleisch
150 ml	Olivenöl
	Salz, Pfeffer, Oregano, Thymian

VORBEREITEN

Schalotten und Knoblauchzehen schälen und fein würfeln. Den Schafskäse in kleine Würfel schneiden. Die Eier aufschlagen und verquirlen. Die Semmelbrösel in eine Schale geben. Das Hackfleisch in einer Schüssel bereitstellen.

ZUBEREITEN

1 Die Zwiebel- und Knoblauchwürfel in einer Pfanne in etwas Olivenöl anschwitzen und dann zum Hackfleisch geben. Den Schafskäse und die Eier ebenfalls dazugeben.

2 Die Hackfleischmasse mit Salz, Pfeffer, Oregano und Thymian kräftig abschmecken und zu einem geschmeidigen Fleischteig verarbeiten.

3 Mit angefeuchteten Händen kleine Bällchen (ca. 3 cm Ø) formen und in den Semmelbröseln wenden. In Olivenöl bei mittlerer Hitze 3–4 Minuten frittieren. Herausnehmen, kurz auf Küchenpapier abtropfen lassen und anrichten.

DAZU PASST

Krautsalat oder Blattsalate, Brat- oder Ofenkartoffeln und verschiedene Dips sind ideale Beilagen.

SO SCHMECKT'S AUCH

Anstatt gewürfelten Schafskäse unter das Hackfleisch zu mischen, kann man auch kleine Portionen vom Fleischteig abstechen, flache Fladen formen, 1 Mozzarellawürfel und 1 Olive oder Kirschtomate darauflegen und Bällchen formen.

Hackfleisch-Spieße

▶ *Fertig in 25 Minuten*
▶ *Gelingt leicht*

ZUTATEN FÜR 4 PERSONEN

10	Schaschlik-Spieße aus Holz
3	kleine Knoblauchzehen
1	unbehandelte Zitrone
1 EL	Kapern
200 g	Rinderhackfleisch
300 g	Lamm- oder Schweinehackfleisch
8 EL	Semmelbrösel
2	Eier
1 EL	getrockneter Thymian
1 EL	getrockneter Rosmarin
1 TL	getrockneter Salbei
	Salz, Pfeffer
2 EL	Butterschmalz

VORBEREITEN

Die Schaschlik-Spieße in kaltes Wasser legen. Den Knoblauch schälen und fein würfeln. Die Zitrone heiß waschen und etwas Schale (1/2 TL) abreiben. Die Kapern fein hacken.

ZUBEREITEN

1 Das Hackfleisch mit Semmelbröseln, Knoblauch, Eiern und Kapern gut vermischen, mit Thymian, Rosmarin, Salbei und Zitronenschale würzen und mit Salz und Pfeffer abschmecken.

2 Die Hackfleischmasse mit angefeuchteten Händen zu kleinen Frikadellen formen und je 3–4 Stück auf einen Schaschlik-Spieß stecken.

3 Das Butterschmalz in einer Pfanne erhitzen und die Hackfleisch-Spieße bei mittlerer Hitze langsam von beiden Seiten je ca. 4 Minuten braten.

4 Die Hackfleisch-Spieße aus der Pfanne nehmen, kurz auf Küchenpapier abtropfen lassen und anrichten.

DAZU PASST

Weißbrot oder Reis, Blattsalat oder ein Tomaten-Paprika-Gemüse passen gut zu den Hackfleisch-Spießen.

SO SCHMECKT'S AUCH

Extra kleine Frikadellen können auch auf kräftige Rosmarinzweige aufgespießt werden. Beim Braten in der Pfanne nimmt das Fleisch das Kräuteraroma dann besonders gut auf.

Hackfleisch

Königsberger Klopse

▸ *Fertig in 45 Minuten*
▸ *Gut vorzubereiten*

ZUTATEN FÜR 4 PERSONEN

2	Zwiebeln
2	Knoblauchzehen
2	Eier
	etwas Petersilie
2–3	Sardellenfilets
1	unbehandelte Zitrone
1	Brötchen vom Vortag
50 ml	Milch
1 EL	Sonnenblumenöl
400 g	gemischtes Hackfleisch
	Salz, Pfeffer, Muskat
500 ml	Kalbs- oder Rinderbrühe
200 ml	Sahne
2	Eigelb
4 EL	Worcestersauce
	Cayennepfeffer
2 EL	kalte Butter
2 EL	Kapern

VORBEREITEN

Zwiebeln und Knoblauchzehen schälen und fein würfeln. Die Eier aufschlagen und verquirlen. Petersilie waschen, trocken schütteln und fein schneiden. Die Sardellenfilets fein würfeln. Die Zitrone heiß waschen, etwas Schale hauchdünn abschälen und fein hacken. Das Brötchen in Würfel schneiden.

ZUBEREITEN

1 Die Milch erwärmen und über die Brotwürfel gießen. Das Öl in einer Pfanne erhitzen und die Zwiebel- und Knoblauchwürfel darin anschwitzen. Etwas abkühlen lassen und zum Hackfleisch geben. Mit Sardellen, Petersilie, Zitronenschale und Eiern zu einem geschmeidigen Fleischteig vermengen.

2 Die eingeweichten Brotwürfel ausdrücken und unter die Hackfleischmasse mischen. Mit Salz, Pfeffer und Muskat abschmecken.

3 Die Brühe erhitzen. Aus dem Fleischteig mit angefeuchteten Händen walnussgroße Bällchen formen und in der leise siedenden Brühe ca. 8 Minuten gar ziehen lassen. Mit einer Schaumkelle herausnehmen und abgedeckt warm stellen.

4 Für die Sauce Sahne und Eigelb in einem Schälchen mit etwas Brühe verrühren, damit das Ei nicht gerinnt. Danach langsam unter die heiße Brühe rühren. Mit Worcestersauce und Cayennepfeffer abschmecken, die Butter und die Kapern dazugeben. Die Sauce erhitzen, aber nicht mehr kochen lassen.

5 Die Königsberger Klopse auf 4 vorgewärmten Tellern mit der Sauce anrichten und servieren.

SO SCHMECKT'S AUCH

Für eine asiatische Variante die Sahne und die Worcestersauce durch Kokosmilch und Sojasauce ersetzen, anstelle der Kapern etwas frisch gehackten Koriander verwenden.

Hackbällchen in Tomatenreis

▶ Fertig in 40 Minuten
▶ Gelingt leicht

ZUTATEN FÜR 4 PERSONEN

1	große Zwiebel
2	Knoblauchzehen
200 g	Tomaten
1	unbehandelte Zitrone
400 ml	Rinderbrühe
3 EL	Tomatenmark
160 g	Reis
300 g	Schweinehackfleisch
200 g	Lamm- oder Rinderhackfleisch
4 EL	Semmelbrösel
2	Eier
1 EL	getrockneter Thymian
1/2 TL	edelsüßer Paprika
	Salz, Pfeffer
2 EL	Sonnenblumenöl
4 EL	Sauerrahm

VORBEREITEN

Zwiebel und Knoblauchzehen schälen und in sehr feine Würfel schneiden. Tomaten waschen und vierteln, die grünen Stielansätze entfernen. Die Zitrone heiß waschen und etwas Schale (1/2 TL) abreiben.

ZUBEREITEN

1 Die Rinderbrühe in einem großen Topf erhitzen. Die Tomaten und das Tomatenmark dazugeben. Den Reis in die Brühe geben und ca. 20 Minuten, je nach Packungsangabe, leicht köchelnd garen.

2 Das Hackfleisch in eine Schüssel geben, mit Zwiebel- und Knoblauchwürfeln, Semmelbröseln und Eiern zu einem geschmeidigen Fleischteig vermischen, mit Thymian, Paprika und Zitronenschale würzen und mit Salz und Pfeffer abschmecken.

3 Die Hackfleischmasse mit angefeuchteten Händen zu kleinen Bällchen (3 cm Ø) formen und in einer Pfanne in Sonnenblumenöl bei mittlerer Hitze langsam unter ständigem Wenden 7–10 Minuten braten.

4 Den Tomatenreis auf vorgewärmten Tellern anrichten und die Hackfleischbällchen darauflegen. Je 1 EL Sauerrahm dazugeben und servieren.

DAZU PASST
Weißbrot und verschiedene Blattsalate oder ein Gurkensalat mit Sauerrahmdressing schmecken gut dazu.

SO SCHMECKT'S AUCH
Für den Tomatenreis können – vor allem im Winter – statt frischer Tomaten auch geschälte Tomaten aus der Dose verwendet werden.

Hackfleisch

Chili con Carne

- Fertig in 50 Minuten
- Gelingt leicht
- Ideal für Gäste

ZUTATEN FÜR 4 PERSONEN

4	kleine Zwiebeln
2	Knoblauchzehen
600 g	Tomaten
1	unbehandelte Zitrone
1–2	Chilischoten
1	Dose Kidneybohnen (ca. 300 g Abtropfgewicht)
1 Dose	Mais (ca. 150 g Abtropfgewicht)
2 EL	Sonnenblumenöl
600 g	Rinderhackfleisch
3 EL	Tomatenmark
100 ml	Rotwein
300 ml	Rinderbrühe
	Salz, Pfeffer, edelsüßer Paprika

VORBEREITEN

Die Zwiebeln schälen und in feine Würfel schneiden. Die Knoblauchzehen schälen und halbieren. Die Tomaten waschen, vierteln und die Stielansätze entfernen. Die Zitrone heiß waschen, von einer Hälfte die Schale dünn abschälen und fein hacken. Die Chilischoten waschen, entkernen und ebenfalls fein hacken. Kidneybohnen und Maiskörner in ein Sieb geben, abspülen und abtropfen lassen.

ZUBEREITEN

1 Das Sonnenblumenöl in einem Topf erhitzen und das Hackfleisch darin kräftig anbraten. Die Zwiebelwürfel und den Knoblauch dazugeben und anschwitzen. Das Tomatenmark ebenfalls kurz mitrösten.

2 Die Tomatenviertel zugeben und mit Rotwein und Rinderbrühe aufgießen. Mit Salz, Pfeffer, Paprika, Zitronenschale und Chili abschmecken und 35 Minuten sanft köcheln lassen.

3 Die Kidneybohnen und den Mais dazugeben, kurz aufkochen lassen und nochmals abschmecken. Das Chili in tiefen Tellern anrichten.

DAZU PASST

Zum Chili ein Baguette oder Maisbrot servieren. Gut schmeckt dazu auch ein leichter Knoblauch-Dip: Dafür *200 g Sauerrahm* mit *1–2 fein geschnittenen Knoblauchzehen* verrühren und mit *Salz, Pfeffer, Paprika* und *etwas Zitronensaft* abschmecken.

SO SCHMECKT'S AUCH

Das Chili con Carne mit gekochtem Reis anrichten, einen Klecks saure Sahne darübergeben und mit etwas geriebenem Cheddarkäse bestreuen. Mit Lauchzwiebeln, in Ringe geschnitten, garnieren.

Hackfleischtopf mit Roter Bete

- *Fertig in 50 Minuten*
- *Preiswert*
- *Gut vorzubereiten*

ZUTATEN FÜR 4 PERSONEN

4	kleine Zwiebeln
2	Knoblauchzehen
600 g	Rote Bete
2 EL	Sonnenblumenöl
600 g	Hackfleisch (vom Rind oder gemischt)
3 EL	Tomatenmark
200 ml	Rotwein
500 ml	Rinderbrühe
	Salz, Pfeffer, Kümmel, Chili
200 g	saure Sahne
	etwas Petersilie

VORBEREITEN

Die Zwiebeln schälen und in feine Streifen schneiden. Die Knoblauchzehen schälen und halbieren. Die Rote Bete kochen oder bereits fertig gekochte vakuumverpackte Knollen kaufen und in Würfel schneiden.

ZUBEREITEN

1 Das Öl in einem Topf erhitzen und das Hackfleisch darin kräftig anbraten. Die Zwiebelstreifen dazugeben und mitschwitzen.

2 Das Tomatenmark zugeben und kurz mitrösten. Die gewürfelte Rote Bete dazugeben, mit Rotwein und Rinderbrühe auffüllen. Mit Salz, Pfeffer, Kümmel, Chili und Knoblauch abschmecken und 35 Minuten köcheln lassen.

3 Den Eintopf mit saurer Sahne abschmecken und in tiefen Tellern anrichten. Mit der fein geschnittenen Petersilie bestreuen und servieren.

DAZU PASST

Schwarzbrot und saure Gurken schmecken gut zu diesem russischen Eintopf.

Was Mary Hahn schon wusste

Selbst gekochte Rote Bete (Kochzeit ca. 50–60 Minuten) schmeckt besonders gut. Allerdings sollte man, um rot gefärbte Hände zu vermeiden, beim Schälen der gekochten Knollen Handschuhe anziehen.

Hackbraten

▶ Fertig in 1 Stunde 30 Minuten
▶ Gelingt leicht
▶ Preiswert

ZUTATEN FÜR 4 PERSONEN

3	kleine Zwiebeln
2	Knoblauchzehen
	Petersilie, Liebstöckel, Thymian
3	Brötchen vom Vortag (ca. 150 g)
100 ml	Milch oder Wasser
3	Eier
600 g	gemischtes Hackfleisch
2 EL	Sonnenblumenöl
	Salz, Pfeffer
3 EL	mittelscharfer Senf

VORBEREITEN

Die Zwiebeln und Knoblauchzehen schälen und fein würfeln. Petersilie und Liebstöckel fein hacken, den Thymian abzupfen. Die Brötchen in Würfel schneiden und in erwärmter Milch oder in Wasser einweichen. Die Eier aufschlagen und verquirlen. Das Hackfleisch in einer Schüssel bereitstellen. Den Backofen auf 220 °C vorheizen.

ZUBEREITEN

1 Das Öl in einer Pfanne erhitzen und die Zwiebel- und Knoblauchwürfel darin anschwitzen. Zum Hackfleisch geben und die eingeweichten und ausgedrückten Brötchenwürfel, Eier, Petersilie, Liebstöckel und Thymian ebenfalls dazugeben.

2 Die Hackfleischmasse mit Salz, Pfeffer und Senf kräftig abschmecken und gut vermischen. Einen länglichen Laib formen und auf ein geöltes Backblech legen. In die Mitte des vorgeheizten Backofens schieben und 40–45 Minuten garen.

3 Den fertigen Hackbraten herausnehmen, kurz ruhen lassen, in Scheiben schneiden und auf warmen Tellern anrichten.

DAZU PASST
Kartoffelpüree oder Bratkartoffeln und verschiedene Blattsalate schmecken gut zu Hackbraten.

SO SCHMECKT'S AUCH
Man kann den Hackbraten auch mit *3–4 hart gekochten und geschälten Eiern* füllen, die man bei der Zubereitung in der Mitte des Fleischteigs verteilt.

WENN ETWAS ÜBRIG BLEIBT
Hackbraten schmeckt auch kalt sehr gut. Zum Mitnehmen 1 Roggenbrötchen aufschneiden, mit Senf bestreichen, mit 1 Scheibe Hackbraten, Salatblättern und Gurkenscheiben belegen und zusammenklappen.

Hackbraten in Strudelteig

▸ Fertig in 1 Stunde 20 Minuten
▸ Ideal für Gäste
▸ Herzhaft

ZUTATEN FÜR 4 PERSONEN

1 Paket	fertiger Strudelteig
50 g	Butter
1	Grundrezept Fleischteig für Hackbraten (siehe Seite 128)

FÜR DIE SAUCE:

5	kleine Zwiebeln
2 EL	Pflanzenöl
1 TL	Zucker
1 EL	Mehl
100 ml	Weißwein
300 ml	Gemüsebrühe
2 EL	kalte Butter
	Salz, Pfeffer
	etwas Petersilie

ZUBEREITEN

1 Die Strudelteigblätter (2–4 Blätter) auslegen, mit flüssiger Butter bepinseln und übereinanderlegen. Die Hackbratenmasse zu einer Rolle formen, auf die Strudelteigblätter legen und einrollen, die Enden nach unten einschlagen. Mit Butter bestreichen und im vorgeheizten Backofen bei 210 °C (Heißluft) 25–35 Minuten knusprig backen.

2 Für die Sauce die Zwiebeln fein schneiden und langsam in Pflanzenöl hellbraun rösten. Den Zucker dazugeben und karamellisieren lassen. Das Mehl darüberstäuben und kurz anschwitzen. Mit Wein und Gemüsebrühe ablöschen und kurz köcheln lassen. Die Sauce mit Butter, Salz, Pfeffer und fein geschnittener Petersilie abschmecken.

Schritt für Schritt: Hackbraten in Strudelteig

1 Das Hackfleisch mit allen Zutaten vermengen und kräftig abschmecken.

2 Eine Rolle formen und auf die ausgebreiteten Strudelteigblätter legen.

3 Den Hackbraten einrollen und die Teigenden nach unten einschlagen.

4 Die Hackfleischrolle im Ofen knusprig braun garen und aufgeschnitten anrichten.

3 Den fertigen Hackbraten aus dem Ofen nehmen, in Scheiben schneiden und anrichten. Die Sauce dazu reichen.

SO SCHMECKT'S AUCH

Zu Hackbraten passt auch eine *Senfsauce* sehr gut. Dafür *200 ml Bratensaft* (siehe Seite 14) aufkochen lassen, *100 ml Sahne* dazugeben, mit *1–2 EL Senf* und *2 EL kalter Butter* verrühren und mit *Salz* und *Pfeffer* abschmecken.
Anstelle von Strudelteig kann man die Hackfleischrolle auch in *Blätterteig* einschlagen.

Hackfleisch

Moussaka

- *Fertig in 70 Minuten,*
- *Griechische Spezialität*
- *Gut vorzubereiten*

ZUTATEN FÜR 4 PERSONEN

2	Zwiebeln
2	Knoblauchzehen
300 g	Tomaten
300 g	mehligkochende Kartoffeln
400 g	Auberginen
150 g	Feta-Käse
100 g	Emmentaler
50 g	Butter
40 g	Mehl
250 ml	Milch
	Salz, Pfeffer, Muskat
2 EL	Sonnenblumenöl
400 g	Hackfleisch (gemischt oder vom Lamm)
4 EL	Tomatenmark
	etwas Oregano

VORBEREITEN

Die Zwiebeln und den Knoblauch schälen und fein würfeln. Die Tomaten waschen, die Stielansätze entfernen und das Fruchtfleisch würfeln. Die Kartoffeln schälen und in feine Scheiben hobeln, die Auberginen in Scheiben schneiden. Den Feta in kleine Würfel schneiden, den Emmentaler reiben.

ZUBEREITEN

1 Die Butter in einem Topf zerlassen, 1/2 der Zwiebelwürfel darin andünsten, das Mehl darüberstäuben und mitschwitzen, mit Milch aufgießen, aufkochen lassen und mit Salz, Pfeffer und Muskat abschmecken.

2 Das Sonnenblumenöl in einem Topf erhitzen, das Hackfleisch kräftig anbraten. Die restlichen Zwiebel- und Knoblauchwürfel dazugeben und kurz mitschwitzen. Das Tomatenmark und die vorbereiteten Tomaten dazugeben und mit Oregano, Salz und Pfeffer abschmecken.

3 Den Backofen auf 200 °C (Heißluft) vorheizen. Abwechselnd Kartoffel- und Auberginenscheiben in eine Auflaufform schichten, Fetawürfel darübergeben, das Hackfleisch und die helle Sauce darüber verteilen. Zum Schluss mit dem geriebenen Käse bestreuen.

4 Den Auflauf im vorgeheizten Backofen 35–45 Minuten garen. Herausnehmen, in Stücke schneiden und auf Tellern anrichten.

DAZU PASST

Blattsalate, Gurken- oder Tomatensalat schmecken gut zu diesem griechischen Auflauf.

SO SCHMECKT'S AUCH

Anstelle der frischen Tomaten kann man auch *1 Dose geschälte Tomaten* verwenden. Die Hackfleischsauce immer kräftig mit Kräutern und Gewürzen abschmecken, mit Salz eher sparsam, da der Feta-Käse sehr salzig ist.

Kartoffel-Hack-Auflauf

▸ Fertig in 70 Minuten,
▸ gelingt leicht
▸ Preiswert

ZUTATEN FÜR 4 PERSONEN

4	Zwiebeln
2	Knoblauchzehen
400 g	mehligkochende Kartoffeln
150 g	Emmentaler oder Gouda
25 g	Butter
4	Zweige Oregano
4	Zweige Thymian
4	Zweige Rosmarin
50 g	Butter
40 g	Mehl
50 ml	Weißwein
200 ml	Milch
	Salz, Pfeffer, Muskat
2 EL	Sonnenblumenöl
400 g	gemischtes Hackfleisch

VORBEREITEN

Die Zwiebeln und die Knoblauchzehen schälen und fein würfeln. Die Kartoffeln schälen und in 2–3 mm dicke Scheiben schneiden. Den Käse fein reiben. Eine feuerfeste Form mit Butter ausstreichen. Oregano-, Thymian- und Rosmarinzweige zu einem Sträußchen binden.

ZUBEREITEN

1 Butter in einem Topf zerlassen und die Hälfte der Zwiebelwürfel darin andünsten. Das Mehl darüberstäuben, mitschwitzen, mit Weißwein und Milch aufgießen, aufkochen lassen und mit Salz, Pfeffer und Muskat abschmecken.

2 Das Öl in einem Topf erhitzen und das Hackfleisch kräftig anbraten. Die restlichen Zwiebel- und Knoblauchwürfel dazugeben und kurz mitschwitzen.

3 Die vorbereitete Sauce zum Hackfleisch geben, das Kräutersträußchen hineinlegen und aufkochen lassen. Vom Herd nehmen, die Kräuter 15 Minuten ziehen lassen, anschließend herausnehmen. Die Sauce mit Salz, Pfeffer und Muskat kräftig abschmecken.

4 Den Backofen auf 180 °C (Heißluft) vorheizen. Abwechselnd eine Lage Kartoffelscheiben und Hackfleischsauce in die Auflaufform schichten. Mit der Sauce abschließen und mit Käse bestreuen.

5 Den Auflauf im vorgeheizten Backofen 35–45 Minuten garen, bis die Kartoffeln weich sind. Herausnehmen, in Stücke teilen und anrichten.

Hackfleisch

Gefülltes Gemüse

▶ Fertig in 70 Minuten
▶ Preiswert
▶ Gut vorzubereiten

ZUTATEN FÜR 4 PERSONEN

4	kleine Paprikaschoten (gelb, rot, grün gemischt)
2	große Zucchini
2	Zwiebeln
4	Knoblauchzehen
	etwas Petersilie
2	Eier
80 g	Emmentaler
50 g	Reis
2 EL	Sonnenblumenöl
400 g	gemischtes Hackfleisch
	Majoran
1 EL	mittelscharfer Senf
	Salz, Pfeffer
200 ml	Bratensaft (siehe Seite 14)

VORBEREITEN

1. Die Paprika und Zucchini waschen. Von den Paprikaschoten unter dem Stielansatz einen Deckel abschneiden. Die Kerne entfernen und die Schoten auf der Unterseite abflachen, damit sie gerade stehen bleiben. Zucchini halbieren und die Kerne mit einem Löffel ausschaben.

2. Zwiebeln und Knoblauch schälen und fein würfeln, Petersilie fein hacken. Die Eier aufschlagen und verquirlen, den Käse reiben. Den Reis nach Packungsangabe zubereiten.

ZUBEREITEN

1. Das Öl in einer Pfanne erhitzen und die Zwiebel- und Knoblauchwürfel darin anschwitzen.

2. Das Hackfleisch mit dem gekochten Reis, den verquirlten Eiern und den Zwiebel- und Knoblauchwürfeln vermengen. Mit Petersilie, Majoran, Senf, Salz und Pfeffer abschmecken und gut vermischen.

3. Das Gemüse mit der Hackfleischmasse füllen und in einen Bräter stellen. Im vorgeheizten Backofen bei 180 °C (Heißluft) garen.

4. Nach etwa 20 Minuten Garzeit den Bratensaft angießen, die Zucchini mit Käse bestreuen. Das Gemüse weitere 20–25 Minuten garen.

5. Den Bräter aus dem Ofen nehmen, das Gemüse anrichten und mit der Sauce servieren.

DAZU PASST
Reis oder Kartoffelpüree passen gut zu gefülltem Gemüse.

SO SCHMECKT'S AUCH
Statt mit Bratensaft das Gemüse mit einer Sauce aus *200 ml Brühe, 1–2 EL Tomatenmark* und *1 kleinen Dose geschälte Tomaten* zubereiten.

Kohlrouladen

▸ *Fertig in 70 Minuten*
▸ *Gut vorzubereiten*

ZUTATEN FÜR 4 PERSONEN

1	Weißkohl
2	Zwiebeln
2	Knoblauchzehen
2	Eier
	einige Stängel Petersilie
1 EL	Butter
300 g	gemischtes Hackfleisch
	Salz, Pfeffer, Kümmel
1 EL	Senf
1 EL	Butterschmalz
250 ml	Fleischbrühe
2 EL	Tomatenmark
100 ml	Schmand

VORBEREITEN

1 Den Kohlkopf in kochendes Salzwasser legen, bis sich die äußeren Blätter lösen lassen. Herausnehmen und kalt abschrecken. 8 Blätter bereitlegen, die harten Blattrippen abflachen oder herausschneiden, damit sich die Blätter besser rollen lassen. Einige Blätter fein hacken.

2 Die Zwiebeln und Knoblauchzehen schälen und fein würfeln. Die Eier aufschlagen und in einer Schüssel verquirlen. Die Petersilie waschen, trocken schütteln und fein schneiden.

ZUBEREITEN

1 Butter in einer Pfanne erhitzen und die Zwiebel- und Knoblauchwürfel darin anschwitzen. Zum Hackfleisch geben, mit den Eiern und den gehackten Kohlblättern mischen und mit Salz, Pfeffer, Kümmel, Senf und Petersilie abschmecken.

2 Die Kohlblätter flach ausbreiten, je 1–2 EL Füllung darauf verteilen, die seitlichen Ränder einschlagen, einrollen und mit Küchengarn zubinden. Den Backofen auf 160 °C (Ober- und Unterhitze) vorheizen.

3 Die Kohlrouladen in einem Bräter in Butterschmalz scharf anbraten und mit der Fleischbrühe ablöschen. Im vorgeheizten Backofen zugedeckt 30–40 Minuten garen.

4 Die Rouladen aus dem Bräter nehmen, das Küchengarn entfernen. Das Tomatenmark in die Brühe rühren, aufkochen lassen, mit Salz und Pfeffer abschmecken, den Schmand unterrühren. Mit den Rouladen anrichten.

DAZU PASST
Als Beilage zu den Kohlrouladen schmecken Salzkartoffeln oder Kartoffelpüree am besten.

SO SCHMECKT'S AUCH
Anstatt mit Brühe kann man die Kohlrouladen auch mit 300 ml Bratensaft ablöschen. In diesem Fall das Tomatenmark und den Schmand weglassen.

Register

B

Boeuf à la mode 87
Boeuf Stroganoff 48
Boeuf Stroganoff mit Roter Bete 49
Bordelaiser Sauce 15
Braten im Ofen 12
Bratenfond 14

C

Carpaccio 65
Chili con Carne 126
Cordon bleu 22
Cordon bleu italienisch 23
Curry-Geschnetzeltes 40
Currypaste, grüne 41
Currypaste, rote 41

D

Dips 85
- Meerrettich-Dip 85
- Senf-Dip 85

F

Fiaker-Rouladen 115
Filet Wellington 89
Filetsteak 56
Filetsteak in Morchelrahmsauce 59
Filetsteak in Rahmsauce 58
Filetstreifen mit Frühlingszwiebeln 45
Filetstreifen, marinierte 44
Fleisch panieren 21
Fleischbällchen, griechische 122
Fleischeinkauf 10
Fleischsorten 10
Fond, schneller 15
Frikadellen 120
Frikadellen formen 121

G

Gargrade 13
Garmethoden 12
Garzeit 13
Gemüse, gefülltes 132
Geschnetzeltes 37
Geschnetzeltes „Gyros-Art" 53
Geschnetzeltes mit Ananas 42
Geschnetzeltes mit Kokosmilch 43
Geschnetzeltes mit Oliven 52
Geschnetzeltes mit Spargel 39
Geschnetzeltes mit Tomaten und Kapern .. 47
Geschnetzeltes, Curry- 40
Geschnetzeltes, Zürcher 36
Grillen 12
Gulasch zubereiten 101
Gulasch, Szegediner 103

H

Hackbällchen in Tomatenreis 125
Hackbraten 128
Hackbraten in Strudelteig 129
Hackfleisch-Spieße 123
Hackfleischtopf mit Roter Bete 127
Haltbarkeit von Fleisch 11

K

Kalbfleisch 10
Kalbsbraten in Alufolie 78
Kalbsbraten mit Gemüse 78
Kalbsbrust, gefüllte 81
Kalbsfrikassee 104
Kalbsgeschnetzeltes 38
Kalbshaxe 82
Kalbskotelett 70
Kalbskotelett mit Käse überbacken 71
Kalbskotelett mit Tomaten 72
Kalbsmedaillons 68
Kalbsrahmbraten mit Pilzen 79

Kalbsrahmgulasch mit Salbei 105
Kalbsrouladen 110
   mit Hackfleisch-Gemüse-Füllung 111
   mit Kalbsbrät-Füllung 111
   mit Kartoffel-Pilz-Füllung 111
Kalbsschnitzel 30
Kalbschnitzel mit Pilzen 31
Kaninchen in Weißweinsauce 96
Kaninchen mit Paprika und Oliven 97
Kartoffelgulasch, ungarisches 102
Kartoffel-Hack-Auflauf 131
Kohlrouladen 133
Königsberger Klopse 124
Kotelett mit Oliven 73
Koteletts überbacken 71
Kräutermarinade 16
Kräuterschnitzel 31
Kurzbraten 12

L

Lammfleisch 11
Lammgeschnetzeltes 50
Lammgeschnetzeltes mit Kartoffel-Gemüse 51
Lammgulasch mit Bohnen 106
Lammhaxe 95
Lammpilaw 107
Lammschulter, gekräuterte 94
Limettenmarinade 17

M

Madeirasauce 15
Medaillons im Speckmantel 69
Meerrettich-Dip 85
Moussaka 130

N

Niedrigtemperaturgaren 13

O

Ochsenschwanzragout 108
Ossobuco 116
Ossobuco mit Gemüse 117

P

Panade 21
Paprikagulasch 101
Paprika-Honig-Marinade 17
Pesto, asiatisches 85
Pesto, italienisches 85
Porterhouse-Steak 60

R

Rindergeschnetzeltes 46
Rindergulasch 100
Rinderragout, feines 109
Rinderrouladen 114
Rinderschnitzel in Weinsauce 28
Rindfleisch 10
Rindfleischsalat 91
Roastbeef 84
Rösti 37
Rouladen, asiatische 112
Rouladen, Fiaker- 115
Rouladen, italienische 113

S

Saltimbocca asiatisch 25
Saltimbocca 24
Sauce, Bordelaiser 15
Sauce, italienische 15
Sauerbraten, rheinischer 86
Schmoren 12
Schnittlauchsauce 91
Schnitzel im Kartoffelmantel 33
Schnitzel, gratiniertes 33

Register

Schnitzel Wiener 20
Schnitzelröllchen in Sahnesauce 27
Schnitzelröllchen mit Tomaten 27
Schnitzelröllchen, gefüllte 26
Schweinebraten 76
Schweinebraten mit Kirschen 77
Schweinefilet im Strudelblatt 88
Schweinefilet im Wurzelsud 66
Schweinefilet provençale 67
Schweinefleisch 10
Schweinehaxe, gegrillte 83
Schweinerollbraten 80
Senf-Dip 85
Senfmarinade 16
Senfsauce 129
Senfschnitzel 29
Steak Tatar 64
Steaks, gratinierte 57

T

Tafelspitz 90
Tandoori-Schnitzel 32
T-bone-Steak 61

V

Vitello tonnato 92
Vitello tonnato, kaltes 93
Vitello-tonnato-Burger 79

Z

Zürcher Geschnetzeltes 36
Zwiebelrostbraten 62
Zwiebelrostbraten in Rotwein 63

Abkürzungen

EL = Esslöffel
gestr. EL = gestrichener Esslöffel
TL = Teelöffel
kg = Kilogramm
g = Gramm
l = Liter
ml = Milliliter
Msp. = Messerspitze
°C = Grad Celsius
TK-... = Tiefkühl-...
Ø = Durchmesser

Löffelmaße

1 EL Salz = 20 g
1 TL Salz = 10 g
1 gestr. EL Mehl = 10 g
1 EL Mehl (gehäuft) = 20 g
1 gestr. EL Butter = 10 g
1 EL Öl = 10 g
1 EL Zucker (gehäuft) = 20 g
1 gestr. EL Zucker = 15 g
1 EL Speisestärke (gehäuft) = 20 g
1 gestr. EL Speisestärke = 10 g
1 gestr. EL Crème fraîche = 15 g
1 EL Sahne = 10 g

Bildnachweis: Kosmos/Fabian Silberzahn S. 85

Umschlaggestaltung von eStudio Calamar/Konzept:
Groothuis, Lohfert, Consorten unter Verwendung von Fotos
von Thomas R.P. Sixt

Mit 155 Farbfotos von Thomas R.P. Sixt

Unser gesamtes lieferbares Programm und viele
weitere Informationen zu unseren Büchern,
Spielen, Experimentierkästen, DVDs, Autoren und
Aktivitäten finden Sie unter **www.kosmos.de**

Gedruckt auf chlorfrei gebleichtem Papier

© 2007, Franckh-Kosmos Verlags-GmbH & Co. KG, Stuttgart
Alle Rechte vorbehalten
ISBN: 978-3-440-11252-6
Rezepte, Foodfotografie und Styling: Thomas R.P. Sixt
Redaktion: Dr. Eva Eckstein, Claudia Salata, Anna Ziegler
Layout und Satz: solutioncube GmbH, Reutlingen
Produktion: Eva Schmidt
Printed in Germany / Imprimé en Allemagne

Wissenswertes und Kurioses

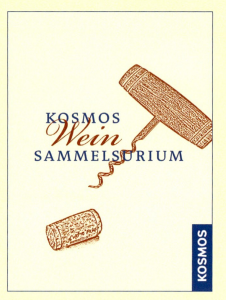

Graham Harding
Kosmos Weinsammelsurium
192 Seiten, ca. 150 Illustrationen
€/D 14,95; €/A 15,40; sFr 27,90
ISBN 978-3-440-11243-4

- Wie heißt der älteste Wein, den man jemals probiert hat? Welche Weine hat James Bond in seinen Filmen getrunken? Wie weit kann ein Champagnerkorken fliegen?

- Graham Harding präsentiert auf unterhaltsame Weise Geschichten, Anekdoten und köstliche Kuriositäten aus der Welt der gepflegten Trinkkultur.

Sylvia Schneider
Warum macht der Karpfen blau?
160 Seiten
€/D 12,95; €/A 13,40; sFr 24,90
ISBN 978-3-440-11041-6

- Wohin geht der Hefeteig? Wie lernten sich Bismarck und der Hering kennen? Wo lebt der falsche Hase?

- Werfen Sie einen Blick über den Tellerrand und genießen Sie kulinarische Kuriositäten.

- Lesefutter für Genießer: 177 Tatsachen und Irrtümer rund um Küche, Tisch und Teller.

www.kosmos.de   Preisänderung vorbehalten

Beste Küche – einfach und raffiniert

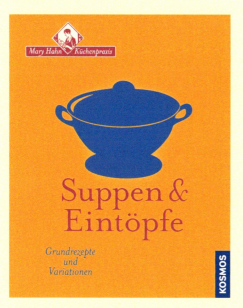

Mary Hahn Küchenpraxis
Suppen & Eintöpfe
144 Seiten, 156 Fotos
€/D 14,95; €/A 15,40; sFr 27,90
ISBN 978-3-440-11253-3

- An die Töpfe, fertig, los! Kräftige Fleischbrühe, feines Cremesüppchen oder deftiger Gemüseeintopf – hier bleiben keine Suppenwünsche offen!
- Traditionelle Basisrezepte und abwechslungsreiche Varianten aus der internationalen Küche.

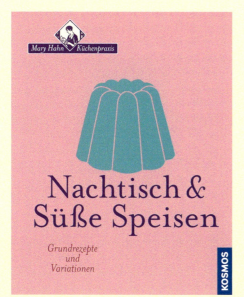

Mary Hahn Küchenpraxis
Nachtisch & Süße Speisen
144 Seiten, 168 Fotos
€/D 14,95; €/A 15,40; sFr 27,90
ISBN 978-3-440-11251-9

- Nachtisch muss sein! Ob Schokoladenpudding, Klassiker und süße Kindheitserinnerung, oder Mousse au Chocolat mit Chili, die moderne, raffinierte Variante – hier findet jeder sein Lieblingsdessert!
- Alle Rezepte werden ausführlich und Schritt für Schritt erklärt.

www.kosmos.de Preisänderung vorbehalten

KOSMOS